문예운동산문선 134

신상범 칼럼집

老기자의 데스크

문예운동사

● 저자의 말

올바른 사회정신의 바탕을 만들기 위하여

　어떤 생각을 짧은 글로 표현하는 것은 참으로 어려운 일입니다. 세상은 갈수록 규모가 커지고 수많은 생각들이 사회를 만들어갑니다. 이런 사회를 보면서 소통의 역할을 생각합니다. 각각의 다른 생각들을 하나로 연결하여 큰 뜻을 이룰 수 있는 방법으로는 무엇이 있을까 하는 것을 생각해 보았습니다.
　주간 《한국문학신문》에 천자로 쓰는 세상이었습니다. 〈千字世上〉 이야기코너가 있습니다. 〈千字世上〉은 '千字'(200자 원고지 5매)의 분량 속에 우리 사회의 바람직한 방향을 제시하는 송곳같은 역할을 하고 있습니다. 이 짧은 글 한편을 만들기 위해 사회의 구석구석을 유심히 지켜보면 마음이 아플 때도 있고 흐뭇해질 때도 있고 유쾌해질 때도 있습니다.
　사회는 유기적 본능을 가지고 있습니다. 그런 사회에 순간순간 필요한 무엇인가를 조언하는 것은 그 사회의 성장에 자양분을 공급하는 것입니다. 어떤 생각을 어떻게 공급하느냐는 것은 사회의 성장에 큰 영향을 미칩니다. 작은 의견이지만 지속성을 띠고 있으면 어느 시기엔 크나큰 동력이 되어 사회의 방향, 사회의 동력이 됩니다.
　그 역할을 크고 작은 언론에서 감당하고 있습니다. 언론은 우리 사회가 정의로운 사회로 굳건해지기 위하여 바른말을 하는 역할을 하고 있습니다. 《한국문학신문》은 오늘날 문학인들의 생각과 활동을 중점적으로 알려주지만 나아가 문학을 통하여 우리 사회의 제반 양상을 접할 수 있습니다. 문학은 그 사회 생각의 최대공배수를 찾아내는 척도입니다. 각자의 위치에서 활동하고 있는 문학인들의 공동의 선을 찾아내는 길에서 그 역할을 다하고 있습니다.

  필자는 1961년부터 언론에 참여하여 활동하다가 전두환 정권의 탄압으로 강제 해직되었습니다. 당시 강제해직되는 사람들은 공직은 물론 모든 분야에 취업을 금지 시켰기 때문에 한순간에 생계가 막막해졌습니다. 가족들에겐 비밀로 하고 변함없이 회사에 간다고 집을 나섰지만 딱히 갈 곳이 없어서 방황하던 시절도 있었습니다. 이런 사회가 다시 되풀이 안되게 국민정신을 다듬는 것은 문학인들이 해야할 역할이기도 합니다.

  많은 말을 담은 짧은 글이다보니 때로 두서없기도 합니다. 혜량하시고 읽어 주시길 부탁합니다.

● 축하의 글

남석 신상범 선생님의 세 번째 저서
『老기자의 데스크』 상재를 축하합니다

김 귀 희(시인. 한국문학진흥재단 이사장)

『老기자의 데스크』는 한국문학신문의 '千字世上' 코너에 약 십 여년간 실렸던 글을 한데 모은 것이다. 메이저 신문에서 오랫동안 기자로 활동하시고 정년하셨기에 그를 '老기자'라고 부르곤 한다. 일선에서 물러났지만 비판적으로 사회의 다양한 문제점을 지적하시던 예리한 안목은 여전히 빛을 잃지 않고 있음을 발견할 수 있다. 공공의 정의를 해치는 현상에 대한 날카로운 지적과 선행에 대한 아낌없는 찬사의 목소리가 여지없이 드러나고 있다.

1935년 생이신 저자는 우리 역사의 질곡을 몸소 겪어왔으니 사고와 사고의 발현에는 우리의 현대사가 오롯이 담겨 있다. 라고 할 수 있다. 그러니 요즘 사회 제반 현상에 대한 그의 시각은 피상적이지 않고 단선적이지 않다. 그의 체험과 역사 인식에서 비롯된 발화는 오늘날 우리 사회에 만연하고 있는 시각, 생활 양식에 대한 비판과 격려로 글 속에서 울려지고 있다.

남석 선생님은 1961년 4·19 학생혁명 후 폐간되었던 경향신문이 복간되자 경향신문에 입사하였는데 마침 5·16 혁명정부에서 한라산을 파괴하면서까지 제주~서귀포 간 도로를 확장하겠다고 그 구간에 있는 천연림을 훼손하는 것을 보고 이를 막기 위해 정부와 투쟁하였다. 그 후 1965년 중앙일보가 창간될 때 중앙일보에서 특별 채용되어 1991년 정년하기 까지 중앙일보에 재직하였다.

　언론사를 물러난 후에 2012년엔 문학의 길에 입문하시고 수필과 시로 등단하셨으며 서정 수필을 담은 저서『오름을 품은 바다』와 현직 기자 시절의 칼럼으로 묶은『돌하르방의 죽비소리』의 발간하셨다. 그 외 다양한 활동은 글 속에 드러난다.

　사진작가이기도한 선생님은 자신의 사진에 문우들의 시를 합성하여 제작한 판낼을 들고 서울 뿐 아니라 제주, 경기, 대전, 미주에서 까지 앞장서서 달려가 전시회를 개최하는 등 적극적 모습이 주변의 놀라움과 부러움을 사기도 한다. 청하 성기조 선생의 문학적 업적을 기리는 문학상 '청하문학상'을 수상하는 등 문학에 전심인 모습은 九旬이 되었어도 흐트러지지 않고 당당하다. 주거지인 제주와 서울을 일년에 몇차례씩 오가면서도 지치지 않는 모습으로 활동하여 한국문학신문에서도 한국문학신문상(연재상)을 수상하셨다.

　이렇듯 여전히 청년같은 남석 선생님께 경의를 표하며 계속 건강하시고 건필하시길 기원하면서『老기자의 데스크』를 통해 우리 사회의 다양한 양상의 역사적 순간을 만나는 시간이 되기를 바랍니다.

목차

저자의 말 • 3
축하의 글 • 5

제1부

가난한 예술가 부자예술가 • 15
하늘이여 하늘이여 • 17
품격 있는 말 • 19
無信不立 • 21
폭염 그리고 지도자 • 23
정치 최면 • 25
코로나 시대의 행복 • 27
나라는 국민 수준 • 29
이제 봄이다 • 31
나의 책임은? • 33
'나' • 35
진정한 웃음 • 37
노학자를 노하게 하는 사람들 • 39
眞情性 • 41
超人 • 43

德不孤 • 45

글로 나라를 구하자 • 47

지휘자 • 49

하이에나 같은 사람들 • 51

생명의 한계 • 53

無爲而化 • 55

분수 것 사는 것 • 57

태풍의 경제학 • 59

모두 연결되어 있는 우리 • 61

생태백신에 대한 성찰 • 63

북극추위가 섬에 온 날 • 65

제2부

선장님! 선장님! 우리선장님 • 69
양귀비 마약꽃같은 정치권력 • 71
巧言令色 • 73
손전화와 인간 • 75
그런 한국 떠나라 • 77
'우리' 라는 말 • 79
적 폐 • 81
切磋琢磨 • 83
국민의 책임 • 85
오월과 정치 꾼 • 87
머슴이 상전이 안되는 선택 • 89
정치는 최하. 경제는 최고 • 91
대통령 불신을 위한 일본행 • 93
통치자의 지혜 • 95
고집만 부리는건 짐승버릇 • 97
쌈꾼 정치인들 • 99

공명이론 • 101
부끄러운 정치무력! • 103
신비한 제주의 자연 • 105
정치인들의 품격 • 107

제3부

자연의 선물, 봄이다. · 111
富者의 資格 · 113
성공한다는 것 · 115
동종교배의 계절 · 117
세계를 아름답게 만드는 사람들 · 119
바이러스 습격의 교훈 · 121
동작언덕에서 · 123
풀뿌리 민주주의 · 125
唯心所作 · 127
정치 멘붕 시대 · 129
정치 평형수 · 131
뜨거운 서울 · 133
어수선한 한국 · 135
생명을 쥔 집도의사의 책임 · 137
모처럼 감동과 즐거운 두 소식 · 139
침묵의 도시. 사랑의 도시 · 141

三暴에 적장의 말을 믿는자 • 143

미세먼지 악령 • 145

침묵의 가을 • 147

인류의 자산을 지키는 용기 • 149

태양광 발전소 • 151

생명을 담보 받아 돈 버는 사람들? • 153

黑厚시대 • 155

침묵의 봄이 안 되기를 • 157

정치 동종교배와 위기 • 159

불 확실성의 시대 • 161

제1부

가난한 예술가 부자예술가

　예술은 복잡한 생각을 단순화하면서도 작가의 생각을 모든 사람들에게 전달 할 수 있어야 한다. 지금 서귀포 시내 높은 언덕에 자리한 이중섭미술관은 관람객들이 미리예약하고 기다리는 행열이 계속되고 있다.
　놀라운 것은 전시 미술품의 귀중함에 있지만 예전엔 좀처럼 볼 수 없는 관람의 태도이다. 우린 예약 없이 방문하면 될 줄 알고 방문하였으나 몇 달 전 부터 예약한 젊은이들이 기다리고 있었다. 이중섭미술을 감상하기에 앞서 예술을 대하는 젊은이들이 태도에 놀란 것이다.
　미술학도도 아닌 것 같은 젊은이들이 위대한 작가를 알고 있다는 시대의 긍정적 변화에 희망적 충격을 받은 것이다. 미술을 잘 모르는 사람이지만 이중섭 화가의 대표 작품은 우직하게 앞을 주시하는 흰 소 작품이다. 어쩌면 이중섭화가의 대표작같이 느껴졌다. 백 년 전에 그린작품에서 현실과 같은 묘한 충격을 받았기 때문이다.
　사뭇 예술은 시간적 시대를 불문하고 사람들이 삶 속에서 그 작품을 보는 사람 따라 해석할 수 있고 그 작품 속에서 시대를 느낄 수 있어야 시간과 공간을 초월한 작품이 된다는 것을 새삼 느낄 수 있었다. 이중섭은 평안도에서 부유한 집안에서 태어나 일본으로 유학하고 일본인과 결혼하였다.
　학교에서 미술교사로 활동을 하다 한국전쟁을 겪으면서 이리저리 돌아다니다가 제주의 서귀포 쓰러질 것 같은 초가에서 겨우겨우 살다가 일생을 마감한 불우한 예술가다. 종이를 구할 수 없어 당시 담배를 싼 은박지에 그림을 그리고 종이 한 장에 앞뒤로 그림을 그리기도 하였다.

이중섭의 대표작 '소'는 스페인의 세계적 미술가 피카소의 소 그림과 유사하다. 그러나 전혀 다른 것은 피카소는 그림을 팔아 부유하게 살았고 이중섭은 그림그릴 종이도 없이 제주 섬 남쪽 끝 마을 바다가 보이는 쓰러져 가는 초가집, 키만큼 한 방에서 작은 솥 단지 걸어 놓고 연명하였다.

마당에 서면 보이는 숲섬, 문섬, 범섬을 보고 바닷가에 가면 옷 벗은 동네 어린이들이 게 잡고 노는 모습을 물끄러미 보다 돌아오는 세월을 보냈다. 그는 늘 일본에 있는 아내 마사꼬와 아들을 그리워하다 잠들었다. 스페인의 세계적 화가 피카소의 소 그림을 이중섭과 소와 견주어 생각하게 된다. 한국의 화가는 굶으며 살았고 서양의 화가는 부자였다. 사람들의 사는 방법이 동양과 서양이 달라서이다.

예술은 시공을 안 가린다지만 미술관을 나오며 오늘의 예술가는 배부른가? 예술 없는 국가가 영속될 수 있을까? 나라를 다스린다는 사람들에게 물어 본다.

하늘이여 하늘이여
-1907년 헤이그와 2019년 서울

요즘 대한민국은 절대 우방이었던 미국과 일본, 중국 등 국제 사회로부터 신식 단어로 패싱(passing)당하고 있다. 한국은 처참한 전쟁을 겪은지 얼마 되지 않은 분단국가이면서도 불과 몇십년 만에 세계경제 대국으로 도약한, 세계적 기적을 이룬 나라로 인정받은 나라이다.

그런데 요즘은 대한민국은 끝없는 나락으로 곤두박질하고 있다는 우려를 넘어 공포심을 가지게 되었다. 與圈여권 안에서도 한국경제 문제를 염려하는 발언들이 나오고 있는 실정이다. 대다수의 국민들, 영세기업부터 대기업까지도 한국이 경제 발전 시동을 건 후 이렇게 까지 어려운 적은 없었다고 한다.

대한민국은 어떤 나라인가? 1950년 6월25일 새벽 김일성의 야욕에 의해 북한군들이 남한으로 쳐들어와 전쟁을 일으켰다. 당시 남한에서는 고등학교 1학년생 부터 청년들 뿐만 아니라 UN에서 내세운 세계평화 정신을 실현하고자 미국을 비롯한 세계 16개국에서 청년들이 듣도 보도 못한 한반도 전쟁에 참전하였다.

이 전쟁으로 인해 약 18만 명이 목숨을 잃었고 그 외에도 부상자 55만 명, 실종자 2만 8천 명이라는 안타까운 기록을 남겼다. 전쟁터에서 유명을 달리한 전사자들 뿐 아니라 세계 여러나라에서 와서 우리의 전쟁에 참전하였던 용사들은 북한 침략으로부터 세계평화를 지키는데 일익을 감당하였다는 자부심, 그 명예로운 활약을 두고 두고 후손들에게 이야기 하고 있다. 우리나라의 기반에는 우리 국민 뿐 아니라 세계 여러나라의 청년들의 피가 흐르고 있다. 그런데 요즘 이런 우리의 기강이 약해지고 있다.

이런 현실을 보며 얼마 전 네덜란드의 이준열사 기념관을 찾아갔던 생각이 났다. 1907년7월 14일 헤이그에서 열린 제2차 만국평화회의에서 조선의 대표 이 준 열사 등 3명이 일본과 조선간의 을사늑약은 무효이며 이를 통해 조선을 침범하려는 일본의 야욕을 널리 알려 국권을 찾으려고 하였으나 회의 참석 47개 나라로 부터 참석을 거절당해 울분을 참지 못해 숙소에서 장열하게 순국한 용기와 애국심을 네덜란드에서 보았다.

이렇게 대한민국을 위해 목숨 바친 순국선열들은 지금, 백척간두에 선 것 같은 대한민국의 이런 현상에 대해 무엇이라 할 것인가. 하늘이여 하늘이여. 한국을 지켜주소서.

품격 있는 말

사람과 사람이 같이 살 수 있는 것은 〈말〉이 있어서 가능하다. 나는 지금까지 사는 동안 〈말〉에 대해 충격적인 사건을 겪은 적이 있다.

1980년대 초 아침에 출근하려고 현관에서 구두를 신으면서 허리를 숙였는데 그대로 쓰러져버렸다. 깨어나 보니 병원응급실 침대위에 누워있었다.

별로 아픈 곳은 없어보였는데 결정적으로 말을 할 수 없었다. 뇌출혈로 언어 중추가 손상 되어 말을 할 수 없게 되었다는 것이다. 두 달여 중환자실 신세를 졌다. 조금씩 회복되어 갔으나 말로 소통을 할 수 없었다. 이때부터 의사 도움을 받아가며 말배우기를 시작하였다. 집에 돌아와서는 초등학교 한글 배우기 책을 놓고 혼자 발음 연습을 3년여 동안하는 '말하기' 훈련을 하여 겨우 소통을 할 수 있었다. 말 할 수 있다는 것이 얼마나 중요한지를 심각하게 체험하였다.

세상의 모든 일이 말이라는 소통수단을 거쳐 이루어진다. 세계를 뒤흔들기도하고 세계를 위험에 빠지게도 한다. 인류에게 민주주의 횃불을 점화한 링컨은 게 티즈버그에서 〈국민이 국민에 의한 국민을 위한〉, 〈모든 사람은 평등하다〉라는 연설을 한 것과 영국의 윈스턴 처칠이 옥 스퍼드대학 졸업식에서 〈절대로 포기하지 말라〉는 한마디가 세계적 명연설이 되었다.

마틴 루터 킹 목사는 〈나에겐 꿈이 있습니다〉라는 명연설로 인류에게 희망을 주었다. 이같이 인류를 감동시켜 세계를 바꾼 명연설이 있는가하면 달콤한 말로 사람들을 속여 사회를 어지럽히는 "巧言令色교언영색"하는 말로 세상을 어지럽히기도 한다. 우리나라 국회의사당에는 국민을 대표한다는 정치지도자들이 쏟아내는 시정잡배수준의 말이 공개적으로 난무하고 있다. 정치지도자들인 그들의 말에는 품격과 절제를 찾기가 어렵다.

겨울철 독성미세먼지가 국민들의 건강을 갉아 먹듯이. 남을 향해 제멋대로 무책임하게 독설과 악담을 공공연하게 지껄여 놓고 '아니면 말고' 식 말로 국민들을 현혹시킨다. 만물가운데 인류만이 말을 가진 존재다. 요즘 서점가에 '말을 품격 있게 말하는 내용"의 책이 베스트셀러가 되고 있는 건 다행이다.

품격 없는 말은 칼이나 핵보다 더 위험 하다. 절제되지 않은 말이 자신에게 비수가 된 예를 자주 본다. 미국의 트럼프대통령이 세계를 놀라게 하고 북한 김정은이 인류를 위협하는 말을 서슴없이 내뱉는다. 한국의 정치지도자도 국민들과 국가를 위협하는 말을 쏟아내고 있다. 말은 그 사람의 품격의 잣대이고 국가사회의 문화적 수준이다. 사람마다 화기풍기고 사랑스러운 말로소통 하는 和顔愛語화안애어 사회를 만들어야 한다. 길게는 어린이 교육에서부터 시작되어야한다.

無信不立

 지난 2월 22일부터 26일까지 청하문학회 회원들은 1982년 시작되어 10년간 진행하다가 중단되었던 한·타이완 문학교류 재개차 타이완(중화민국)을 방문하는 길에 〈타이페이〉 일대를 관광하였다.
 그동안 유럽, 동남아, 미국, 모스크바, 남미 등을 여행하였는데 어느 곳에서든지 '나는 한국인이다!' 라는 자부심이 들 때가 있었다. 그것은 SAMSUNG 과 LG와 같은 우리나라 기업의 대형 간판을 만날 때이다. 20여 년 전 처음 모스크바에 갔을 때는 크렘린 궁 정문 앞에 세워져 있는 삼성의 대형 선전탑을 보았을 때는 감동, 그 자체였다.
 그런데 이번 타이완 거리에선 SAMSUNG 이나 LG 선전 간판은 물론 그런 글자를 볼 수 없었다. 우리가 흔히 대만이라고 부르는 타이완의 정식 국명은 中華民國이며 중국 본토의 공식 명칭은 중화인민공화국이다.
 우리나라와 타이완의 관계는 1945년 광복이전에 이미 장제스(장개석) 정부가 대한민국의 독립을 위하여 상하이 대한민국임시정부 활동을 적극 지원하는 등 매우 가까운 사이였다. 광복 후 1948년 8월 13일 이승만 대통령과 중화민국은 정식수교를 하였고 이를 시작으로 강력한 동맹국으로 44년 동안 대한민국과 우호관계를 지켜왔다. 그러다가 1992년 8월 노태우 정부가 타이완과 사전 협의없이 일방적으로 국교를 단절하고 본토의 중화인민공화국과 국교를 맺어 버렸고 중화인민공화국의 유엔가입을 지지하는 입장이 되자 타이완은 유엔에서 탈퇴해 버렸다.
 이 일을 두고 중화민국 국민들의 한국에 대한 배신감은 이만저만 큰 것이 아니었다. 24년이 지난 지금도 현지에서 생생하게 느낄 수 있었다. 한국은 중화민국 국민들에겐 배신자요 불신의 나라였다. 그러니 세계 어디서나 볼 수 있는 우리의 세계적인 브랜드의 선전, 상품간판 등을 볼 수 없게 된 것은 당연한 것이다. 가이드가 말하길 처음 자신이 타이완에 왔을 때 중국인들은 한국 사람에 대해 크게 반감을 가지고 냉랭하게 대하였는데 요즘은 한국의 K팝 등 한류문화가 유입되어 들어오면서 이곳 젊은이들 사이에서 부터 한국에 대한 인식이 조금씩 누그러지고 있다고 한다.

공자는 '無信不立' 라 했다. '신뢰가 없으면 나라도 자신도 존재할 수 없다' 는 것. 어떤 경우에도 신의를 지킴으로 신뢰를 잃지 말아야 한다. 국가간에도 개인 간에도. 요즘 우리 사회에도 신뢰가 무너지는 큰일이 여기저기에서 터진다. 이를 보면서 어떻게 이런 상황을 회복할 수 있을지 염려가 된다.

폭염 그리고 지도자

연일 신문 방송에 폭염기사로 가득하다. 3일 중앙일보는 1면 머리기사로 111년만의 폭염, 불덩이 한반도 이글거리는 지열과 한난계의 41도에 라는 내용을 올렸다. 1907년 기상 관측이 시작된 후 처음이라는 기사도. 그런데 이상한 것은 국민들의 먹거리 원산지인 농촌과 농민들의 타들어가는 마음에 대한 기사나 사진은 볼 수 없다. 기자들도 폭염에 맥을 못 추고 현장에 못가는 것일까? 서울의 더위와 기상청의 온도계만 더위를 말해주는 것 같다.

냉방이 잘되어있는 대형시설에 사람들이 몰려들고 재래시장은 모두 문을 닫았다. 재난수준인 불덩이 날씨에도 국회 선량들은 고통 받는 농촌에 가서 돌아보고 있다는 기사도 없다. 국민의 세금으로 검은 정장을 하고 춥도록 시원하고 호화로운 국회의사당에서 정치 권력싸움에 여념이 없는 모습뿐이다. 아프리카, 중동, 오세아니아 등 세계가운데 유독 한반도만 새빨갛게 불타오르고 있다.

지난 7월29일 태풍12호 종다리가 한반도로 올라오다가 예외적으로 한반도 코앞에서 원을 그리며 중국 쪽으로 사라져 버렸다. 마치 불난 집에 출동한 소방차가 차를 돌려 가버린 격이 되었다.

기상학적으로는 이유가 있겠지만 우리 동양, 특히 한민족에게는 민심이 천심이란 사고가 뿌리 깊게 박혀 있다. 그래서 祈雨祭기우제가 있고 祈晴祭기청제가 있다. 제례는 인간이 어찌할 수 없는 하늘의 뜻이라는 생각에서 인류 문명 여명기부터 농경사회에서 있어왔다. 보통가뭄은 농작물만 타들어가지만 이번 폭염은 인간도 예외없이 고사 시킬 수 있다는 암시이다. 이미 서민 20여명의 온열사망자가 생겼다. 옛적 기우제에는 인간의 반려 동물을 사람을 대신하여 제물로 올렸다. 초자연적인 존재에 비는 것으로 비가 내릴 때 까지 제를 지냈다. 정치와 제사가 하나였던 부여시대에는 왕이 책임지고 물러나거나 산 제물이 되기도 하였다는 설도 있다. 천재지변적 문제가 생기면 무능한 지도자에게 내리는 신의 징벌로 보아 제를 충실하게 지냈다한다. 지금은 과학 시대지만 과학이 만능은 아니다. 그래서 인간은 신을 향해 기도하고 인간을 구해달라고 애원한다. 얼마 전 제주해변에서 가족과 피서 왔던 여인이 남편과 술을 같이 마시다 편의점에 간다고 나간 뒤 실종되어 7일 만에 100여km떨어진 해안에서 익사체로 발견된 사건이 있다. 문제는 가족단위의 캠핑이면 당연히 남편은 온가족의 모든 행동을 돌아 볼 책임과 의무가 있는 것이다. 그럼에도 밤늦게 지리도 모르는 곳에 여자 혼자 외출하는 것을 내버려 둔 것을 두고 남편의 무책임을 몹시 나무라고 있다. 지금 살인적 폭염으로 국민들이 공포에 떨고 있다. 지도자가 폭염에 시달리는 농민들과 걱정하는 모습을 언론을 통해 보여 주었으면 하는 생각이다.

정치 최면

제주도에 한국에선 한곳뿐인 비자나무군락지가 있다. 수백 년 된 비자나무만 수백그루가 자연적으로 자라 비자나무군락지라 한다.

1993년 국가가 천연기념물374호로 지정하였다. 오래전부터 열매인 비자는 한약재로 쓰이고 오늘날같이 약재가 발달 안된 시대에는 비자가 어린이 구충제(회충)로도 쓰이고 한약재로 마을 소득원이 되기도 하였다. 마을사람들은 도토리만한 비자를 쉽게 줍기 위하여 비자나무외의 초생식물을 잡초라 하여 말끔 하게 베어내 버렸다.

그 결과 숲속이 건조하여 비자나무 생육과 어린비자나무가 번식하고 자라는데 영향을 주었다. 이런 상황이 학술조사결과 나타나자 이 숲 안에 수 십 종의 식물들의 생태계를 복원시켜 숲속의 맑은 공기가 쾌적하여 인기를 얻고 있다. 이런 자연의 현상은 비단 이곳만의 현상이 아니다.

식생은 여러 식물종이 서로 어우러지어야 살 수 있음이 밝혀져 '생태학'이 탄생하고 이 학문이 세계적으로 각광을 받고 있다. 이 예는 식물의 이야기이지만 인간사회도 자연생태계와 같이 서로간의 관계가 원활하여야 존속할 수 있다.

인간사회는 사람마다 개인의 욕망을 우선하고 타인에 대한 관심은 없다. 이러한 사회현상이 인간사회의 각종 비극의 원인이 되고 있다. 60억 인류의 최후 최고의 목표는 행복이다. 이 행복의 조건은 화목한 인간과 인간관계, 인간과 자연관계에서 가능하다.

숲속에 들어가면 자생하고 있는 모든 풀포기는 서로 엉킴이나 다툼 없이 화목하게 자라고 있음을 본다. 나비는 풀포기 마다 오가며 평화롭고 행복한 모습으로 살고 있다. 인간들의 삶도 풀같이 나무같이 나비같이 화목하게 상대를 배려하며 살 수 있다면 하는 상상을 하여 본다. 인간은 정원의 화초 한 포기 나비 한 마리에게도 생태의 일원으로 예의를 갖추어야 한다.

푸르름은 보고 느끼는 것만으로 도 인간의 마음을 풍요롭게 만든다. 비행기를 타고 세계를 다니다 보면 녹색 땅과 하얀 땅을 보게 된다. 각박함과 풍요를 상징적으로 보여주고 있다. 한반도를 보라. 남쪽은 질 푸르나 북쪽 땅은 하얗게 헐벗고 있어 그곳 삶을 직감할 수 있다.

우리도 1960년대 까지는 마을청소를 할 때 큰 나무 주변의 풀포기들을 잡풀이라 하여 깨끗이(?) 없애 버렸다. 그 결과 비가 내리면 흙이 흘러내려 큰 나무를 죽게 하였다. 잡풀이 큰 나무를 살려 왔음을 모르고 살았다. 요즘 한국은 재난 지원금이라 하여 나라곡간이 비도록 퍼주기 지원을 하려하고 있다.

밭작물에 무턱대고 비료만 많이 주면 작물이 오히려 고사 한다. 생태의 원리다. 과유 불급이다. 지나침은 안줌만 못 할 수도 있다. 정치적 최면일 수 있기 때문이다.

코로나 시대의 행복

 눈에 안 보이는 코로나 바이러스가 인류를 공포의 도가니로 몰아 넣고 있다. 모든 병엔 치유할 수 있는 방법이 존재하였다. 그래서 인류를 지구상 만물의 영장이라 하고 인류는 승승장구 행복을 누릴 수 있었다. 그런데 2020년 초부터 지구상의 생물가운데 인류만이 눈에 안 보이는 이 바이러스에 전전 긍긍 공포의 나날을 보내고 있다.
 지구상에선 인간만이 행복이란 감정을 소유하고 날마다 행복을 찾아다닌다. 인간에게 행복이란 무엇인가? 단순하게 말하여 '욕구가 충족되어 더 바랄 것이 없는 기쁜 마음'이라 할 수 있다. 지구에는 60억 인구가 하나의 땅덩어리위에 살며 생물적 공존의 원리로 원활하게 생존하고 있고 우주엔 수억 개의 별들이 떠돌아가고 있다.
 지구란 별 위엔 형체 없는 바람과 안개, 나무들과 작은 풀포기, 미생물들이 인류와 공존할 수 있는 환경 하에 살고 있다. 지구의 변하는 조건 속에서 자생적으로 생물들이 태어났다.
 과학자들은 37억 년 전에 광합성에 의한 原核生物원핵생물이 출현하였고 세포 안에 기생하는 바이러스는 이 원핵생물보다 10억 년 쯤 후인 30억 년 전에 출현한 것으로 추정하고 있다. 지구상에 두발로 걷는 인류가 태어난 것은 지금부터 300만년~500만년전으로 추정하고 있다.
 이렇게 바이러스는 인류보다 훨씬 오래전 지구상에서 생존을 시작한 것으로 보인다. 인류가 두발 생물로 태어나 지구상의 모든 생물을 지배한다지만 눈에 안 보이는 바이러스의 습격으로 인류는 여러 번 곤혹을 치르고 있다. 지구상에서는 공룡과 같이 생명체가 생겨나고 사라지기를 수없이 반복하고 있다.

이런 지구의 역사 속에서 인류는 특별한 의식을 가지고 움직이는 존재들이다. 행복이란 개념자체가 인류들의 독점적 개념이고 모든 행동의 귀착점으로 하고 있다. 행복은 인간의 눈이 미치는 곳이면 어디든지 찾을 수 있다. 행복은 사랑하는 연인의 눈동자, 다정한 친구와의 대화, 갓난아기의 눈동자를 보는 어머니, 작품 활동에 분투 하는 예술가, 진리를 탐구하는 학자들의 의지 등 모든 사람들이 목표하고 바라는 일들을 달성하려는 사람의 것이다.

행복은 잡히면 내 것이다. 맹자는 "도는 가까운 곳에 있는 데도 어려운 데서 찾는다"고 하였다. 지금은 인류를 급습한 코로나 퇴치에 집중된 시대이다. 사람이 사는 곳엔 모두 이 병마가 들어 앉아 있다. 요즘 사람들 생각 속엔 바이러스 병마만 보이는 것이다.

이 병마 바이러스가 있을 곳에 행복 바이러스도 있을 것이다. 그 속에서 행복을 찾는 것은 사람이 능력이다. 행복은 찾는 이의 특권이다. 행복은 무지개도, 겨울바다 넘어 품으로 안겨오는 봄바람도 아니다. 찾으면 보이는 땅위의 아름다운 꽃이다.

나라는 국민 수준

2022년 6월 이후 대한민국 국민들은 아침마다 대통령의 웃는 얼굴을 사진 아닌 실물로 볼 수 있어서 즐겁다. 민주주의 국가인 대한민국의 국민들이 직접 선출한 대통령이다.

지금까지 대통령들은 선거 기간 중엔 지겨울 정도로 국민 곁에 붙어 표를 구걸하는 모양새였다가 대통령 당선이 확정되는 순간, 국민들의 시야에서 도망치듯 사라져 버렸었다. 그동안 국민들을 대신하는 언론인들과의 거리도 멀기만 하고 언론들은 대통령 얼굴 보여달라고 애걸(?)하였다. 그래서 숲전 대통령은 5년 임기 중 기자들을 공식 비공식으로 만난 기회가 11번뿐이었다고 한다.

당선되는 순간부터 푸른 기와집 궁궐 안에 들어가 대통령의 그림자도 보여주질 않았다. 그런 대통령직이 사람이 바뀌자 요즘은 매일 아침 집무실로 들어가는 입구에서 국민을 대신하는 기자들과 손 인사하는 실시간 모습이 마치 동네 아저씨 보는듯 하다.

정치가 변한 것이 아니라 인간으로서의 대통령이 변한 것이다. 50년간 대통령 전용 요새였던 청와대가 요즘 서울 대표 관광지로 되어 인기가 대단하다. 줄을 서서 기다리고 있다. 퇴직한 전직 대통령 이사한 양산까지 사람들이 구경하러 달려가고 있다. 사람은 비밀스러운 것을 찾아내어 보려는 기본심리가 있다.

다 드러내고 사는 보통 사람들은 평소 모두 보여주며 살았기 때문에 새로운 관심이 없다. 그러나 감추어진 것이 많았던 대상에게는 언제나 호기심이 더 높다. 전직 영부인(?)의 기상천외한 의상이 온 국민의 관심을 불러일으킨 것도 사람들을 시골 마을까지 불러들인 이유 중 하나이다.

우리나라는 전쟁 폐허 국가이다. 아직도 그 전쟁은 휴전 중이다. 몇십 년 째 언제든 우리를 초토화 하려고 단단히 준비를 하고 호시탐탐 노리고 있는 상대와 나란히 하고 있다.

그사이 대한민국은 세계 10대 경제 강국으로 도약하며 민주주의 체제로 대통령을 바꾸며 멋진 삶을 살고 있다. 인치 아닌 법치 세상에 살고 있다. 그런 법을 만드는 것은 정치다. 정치의 기본은 국민이다. 국민 수준만큼 나라가 만들어지고 있다.

이제 봄이다

봄이다!.

봄은 언제나 어머니 품같이 만물에 새로운 희망과 솟구치는 힘을 주는 자연의 위대한 선물이다. 깡마른 나뭇가지 마디 마디에 생명의 잎눈과 꽃눈이 해와 달, 별빛을 보며 방긋 방긋이 미소 짓고 있다. 사람들도 눈 속에 피어나는 샛노란 복수초 이파리 같이 화려하다.

몸을 스치는 바람은 신선하고 따스하여 온몸의 피가 춤추는 듯 활기찬 새봄이다. 산과 바다를 타고온 신선한 바람이 얇아진 옷 사이를 뚫고 몸 속으로 숨어들어 사람들에게 수줍은 쾌감을 안겨주고 있다. 이렇게 정직하고 정확한 자연을 어느 옛 철학자는 "신이 쓴 위대한 책"이라고 했다.

신은 사람과 자연을 구분하기 위해 인간 스스로 세상을 이리저리 어지럽혀 놓는 걸일까? 지금 지구위 세상은 아비규환이다. 지구의 심연에서 불덩이가 솟아올라 불이 하늘로 솟구치고 하늘에 머물었던 거대한 물 덩어리가 비로 쏟아저 내려 산과 들 인간들을 바다로 휩쓸어 내리게 하고 있다.

우리가 딛고 사는 땅덩이는 종이 배처럼 흘들려 사람들을 공포속으로 몰고 있다. 인간들은 이를 신의 괴롭힘으로 생각하지만 이는 신의 분노인 것 같다. 약 5백만 년 전 지구 위에 인간이 살기 시작하며 인류는 지구를 무한히 괴롭히기 시작하였다. 지구 위에 생물이 살기 시작하면서 서로 먹고 먹히는 생태로 수백 만년 살아오고 있다. 인류는 다윈의 진화론대로 적자생존 원리로 살아가고 있다. 경의로운 생존전략이다. 봄은 그 생태순

환 원리의 시작이다.

　이파리가 싹트고 자라 서로 사랑하고 결혼하고 열매 맺으며 종족 번식을 시작하는 계절이다.

　이 자연의 질서는 생물적 질서뿐 아니라 사람의 사는 방식도 같다. 우리가 TV에서 흔히 보는 동물의 왕국에서 먹고 먹히는 장면을 보며 인간 생태를 생각해본다. 이 경쟁에서 서로 살길을 찾는 지혜는 최대 공배수 안에서 같이 사는 방법뿐이다. 그럼에도 인간들은 자신만이 절대 강자가 될 수 있다는 과욕의 착각을 한다.

　인류의 역사방정식은 성공과 실패를 거치며 진행하는 것이다. 인간들은 이 역사의 교훈을 잘 알고 있으면서도 나만은 예외가 될 수 있다는 오판 속에서 정치역사를 쓰고있다. 민주주의를 가장한 신생 대한민국의 정치역사도 모두 가난한 국민들의 피땀을 미끼로 진행되고 있다. 우리는 수백 년 봉건주의 제복과 모자를 쓰고 살아온 백성이다. 이런 오판 정쟁政爭의 비용은 가난한 국민들의 주머니 돈이란 사실이다.

　국회는 누구를 위해 있는가? 정치인인가? 국민인가? 새 봄이다. 싹트는 풀잎을 보며 풀잎 같은 원리로 살아라고 외치고싶다.

나의 책임은?

正名論정명론이란 말이 있다. '임금은 임금답게, 신하는 신하답게, 아버지는 아버지답게. 자식은 자식답게' 거창한 말이 아니다.

오래전부터 내려오는 이야기다. 새로운 이야기도 특출한 철학자의 이야기도 특별한 권력자의 명령은 더더욱 아니다. 우리가 들과 산에 나가 눈에 안보이는 들풀과 거대한 숲, 출렁이는 바닷물 속을 보면 살아있는 모든것은 아무 간섭없이 각기 자기의 힘과 능력에 맞게 조화롭게 살아가고 있다. 사람들을 그토록 감미롭게하는 교향악단은 악기 하나하나 다른 소리가 나는 악기들이 악보라는 규칙 따라 각기 자기 소리만을 내어 매혹적인 음악 예술이 만들어진다.

최근 이태원에서 그 많은 생명이 희생되었는데 내 잘못이요 라고 나서는 사람이 없다. 그 자리들은 국민의 주머니에서 나온 돈으로 고급관사에서 살며 고급승용차 타고 좋은 옷 입고 고급 이불 덮고 자는 사람들이 제마다 그 값을 치르며 살아야 할 사람들이다.

그 책임자들이 어린 생명을 지키는데 소홀하였다고 고개 숙인 사람이 없다. "빌어먹을 세상"이라 억울해 땅을 치고 목이 찢어지도록 통곡하는 사람들은 희생자 가족들 뿐이다. 이번 만의 일이 아니다. 세월호 침몰로 수백명 목숨을 잃은 사건도 원인이 확실히 밝혀지지 않았다. 국가 총책임자에게만 정치적 책임을 씌우고 자리를 빼앗아 정권을 손아귀에 넣는 정치 야욕을 채웠다.

그때마다 정확한 원인이 밝혀져 예상되는 사고에 대비하였다면 이태원의 비극 같은 것은 없었을 것이다. 국가를 집단의 정치적 목적을 위한 수단으로 이용할 궁리만 하는 것 같이 국민들의 눈에 비추어 지고 있다. 경제개발수준이 좀 높다 하여 선진국이 아니다.

　진정한 복지국가 되는 길은 국민 모두가 제자리에서 내가 모두를 위해 무엇을 하여야 하는지를 모든 국민들이 인식하고 행동하는 국민들이어야 한다. 훌륭한 교향악단 단원들 처럼 이 나라에서 내가 받은 혜택과 자기가 할 일을 명백하게 교육을 통해 알려주는 일이다. 국민들을 몽매하게 만들어 놓으면 정치꾼들이 정치하기는 쉬울지 모르나 대한민국이라는 큰 배를 띄우지는 못할 것이다. 휘청거리고 있지않은가?

'나'

모든 생각은 나에서부터 시작된다. 그런데 요즘 '나'가 누군지를 성찰하는 사람이 얼마나 되는지 모르겠다. 다만 현실 속에서 보이는 것은 세상이 모두 나만을 위해서 존재한다는 착각 속에서 살아간다.

그럼에도 지극히 역설적인 것은 나 혼자는 존재하지 못한다는 것이다. 마치 교향악단의 정교한 음악이 수십 개의 악기 하나하나가 각기 다른 소리 다른 음계로 연주하여야 하나의 교향곡이 만들어지듯이… 그러나 하나하나의 악기는 엄격히 정해진 자기에게 주어진 역할의 음율 만을 연주하여야한다.

한순간도 자기 악보를 벗어나면 연주자전원의 실패를 초래하고 만다. 현실사회구조가 아무리 화성에 사람을 보내는 과학이 성공하고 인간끼리의 헌법과 같은 절대법이 만들어져도 사회구성원 끼리의 질서가 확고하지 않으면 인간사회를 파괴하는 결과가 된다. 이는 인간생명의 근원인 자연과의 질서도 같다.

공자는 '타인과의 관계 속에서 자신의 역할에 충실하여야한다. 임금은 임금답게(君君), 신하는 신하답게(臣臣), 아버지는 아버지답게(父父), 자식은 자식답게(子子) 살아가야한다는 正名論정명론을 갈파하였다. 불교에서는 '나'를 독립체가 아닌 무수한 객체들과의 관계 속에서만 존재하는 緣起연기의 산물이라고 한다. 근대철학의 아버지라 부르는 프랑스의 철학자 데카르트(1596~1650)는 '나는 생각 한다 고로 나는 존재 한다'고 하고 모든 것을 의심하고 모든 것에 속아도 내가 생각하고 존재하는 것만은 진리라고 하였다.

봄철, 온 세상에 피어난 아름다운 꽃과 가을에 자신의 종족을 이어가기 위한 열매는 물, 태양, 바람, 구름, 흙, 나무와 풀 줄기 등 꽃 자체가 아닌 것들에 의해 만들어진 것이다.

이와 같이 나는 나아닌 존재들에 의해 살아가고 있는 것이다. 현실사회로 돌아가 보면 정치, 경제, 종교, 문화 등 사회의 기간적조직의 존재는 조직자체가 아닌 조직원 외에 존재하고 있는 국민들이 존재하기에 성립되고 있는 것이다. 국가 권력의 기간조직인 정치라는 꽃은 국민이라는 줄기, 물, 태양, 바람 등이 없으면 존재할 수 없는 자연의 꽃과 같이 형편없이 나약한 존재이다. 정치의 꽃이라는 선거는 '나'라는 꽃이 존재할 수 있는 필요하고 충분한 조건이 무엇인가를 잘 보여준 모범답안으로 보인다. 머지않아 모든 국민 한 사람 한 사람이 뜻을 모아 우리를 대표하는 국가 지도자를 뽑아야할 민주주의의 최대 행사가 다가온다.

우리 국민들은 민주주의 틀 속에서 살아 온지 70여년이 되어간다. 헐벗은 대한민국을 세계의 반열에 올려놓은 국민들이다. 민주주의란 제도가 만들어 낸 결과라고 말할 수 있을까? 오로지 제도적 정치 아닌 국민들의 생각과 힘으로 이루어낸 금자탑이다.

진정한 웃음

요즘 대한민국에는 웃음이 사라졌다. 아예 마스크로 입을 봉쇄하여 버렸다. 하늘이 대한민국 사람들에게 웃을 자격을 빼앗아 버렸나? 하는 생각이 든다. 다만 한사람만이 의전(?) 상 웃는 그림이 가끔 나온다. 마지못하여 웃는 모습이 자칫 히죽거림 같이 보이기도 한다. 나는 절에 가는 기회가 되면 어디서든지 시간을 내서 부처님 앞에 무릎 꿇고 큰절을 세 번 한다. 절을 하기 전에 부처님 얼굴을 빤히 보고 절을 한 다음 또 부처님 얼굴을 빤히 본다. 부처님의 미소를 보는 것이다. 어린애 같은 행동이라고 하겠지만 부처님 앞에선 어린애와 같은 마음가짐이 당연하다고 생각한다. 절을 하고 난 다음 부처님 얼굴을 한번 더본다.

그렇게 부처님 얼굴을 바라 본다는 것은 부처님의 얼굴표정을 보는 것이다. 부처님 얼굴 이야 꼭 같지만 보는 사람 눈이 달리 본다. 인자한 모습으로 보이면 마음이 편하여지고 성난 얼굴로 보이면 사람이 불안해진다. 절하는 사람의 생각과 느낌이다. 세상에는 여러 모양의 미소가 있지만 그 가운데 부처님 미소에서는 사람의 영혼을 따뜻하게 보듬어 주는 듯한 자애로움을 느낀다. 어머니의 자식을 보는 자애로운 미소를 상상하여 보자.

경사가 난 집에서는 웃음이 가득하여야하고 초상난 집에서는 울음이 가득하여야 정상이다. 요즘같이 웃음을 신종 바이러스가 몽땅 잡아 먹어버린 거리에서 웃는 사람의 얼굴을 생각하여 보자. 늘 웃음이 있을 때는 웃음을 몰랐다. 사전적으로 '웃음(Laughter)은 쾌적한 정신 활동에 수반된 감정 반응'이라고 되어 있다. 웃음의 종류로 微笑미소 苦笑고소 哄笑홍소 冷笑냉소 嘲笑조소 失笑실소로 구분할 수 있다. 칸트나 Th.립스 는 무엇인가 중대한 것을 기대하고 긴장해 있을 때에 예상 밖의 결과가 나타나서 갑자기 긴장이 풀려 우스꽝스럽게 느껴지는 감정이라고도 하였다. 우리들이 일반적으로 느끼는 웃음은 싱글벙글 웃는 것은 만족감을 느낄 때이고 능글능글 웃는 것은 비밀을 감추고 있는 것이며 마뜩치 못하거나 실속없어 보이는 웃음을 히죽 히죽 웃는다고 한다. 깔깔 웃는 것은 거품이 없는 웃음이며 호방한 웃음은 대범함을 드러내기도 한다. 천진한 웃음은 건강에 매우 좋은 영향을 주며 한 때는 TV에서 '웃으면 복이 와요'라는 이름으로 오랫동안 오락프로가 지속된 적도 있다. 요즘 방송으로 보이는 사회 풍경은 우울하다. 그런데 특정한 사람만이 웃는다. 모든 것이 잘되어야 웃음이 나온다는 웃음의 정의를 적용하면 모든 것이 잘되고 있다고 생각하고 있는 것 같다. 국민들 눈에는 그 웃음이 히죽거림으로 보인다. 보는 이의 마음이 비틀어진 것일까?

노학자를 노하게 하는 사람들

　노학자님이 노하였다. 선한일도 자기 치적이 아니면 헐뜯는 세상이다. 문학신문 5월 26일자 2면 시론 란에 "늙은이의 희망"제하의 노학자의 글을 읽었다. 아흔 살이 다되는 학자님의 일상을 읽고 놀라고 일부사람들이 '늙은이의 욕심'이라고 폄훼 하고 있다는 글을 읽고 놀랐다. 세상이 날로 혼란스러워지고 있다.

　나는 교수님을 잘 안다. 그런데 나는 교수님을 정말 모른다. 미안한 이야기지만 그렇게 명석한 교수님이 저렇게 현실적 바보인줄 몰랐다. 그 많은 재산 다 풀어 어려운 후배 동료들을 치다꺼리 다해주고 그 덕에 후배들이 이 사회에서 문학적 주춧돌이 되고 현재도 수 십 년 동안을 후배들에게 글 쓰는 법이 아니라 문학하는 철학적 자세와 글 쓰는 방법을 무료로 강의하고 문예지 계간 《문예운동》과 《수필시대》 제작에 사비를 대고 있다. 그런 노학자를 "늙은이의 욕심"으로 폄훼하고 있는 사람이 단 몇이라도 있다니 슬픈 일이다. 그런 사람들이 속된 생각으로 자기 밥그릇 뺏는 것으로 여기고 있을 수도 있다.

　노학자님은 그의 저서 『문학적 삶속에서』에서 주장하는 것처럼 〈예술가를 대접하는 사회, 글 쓰는 이들을 존경하는 사회에서 살아보기를 꿈꾸면서 문학을 완성시켜야 된다〉는 절대 절명의 문학적 희망을 위해 평생을 그 험한 외길을 살아왔다. 그분의 살아 온 길을 일목요연하게 보여주는 것이 연보 및 논문 저서 목록이다. 1954년부터 초인적 문학 활동(21개 분야) 하여오고 있다.

각종 문학관련 학위심사와 지도를 비롯하여 문인 단체 활동, 문학 관련 각종 교섭 건의 청원, 언론관련 사회 활동, 개회, 각종국제회의60회, 중국교포와 문학교류, 학술대회 개최, 전국시낭송회개최, 문학상운영, 전국청소년 청하백일장, 논문 및 저서, 시집소설집, 동화집, 수필집, 대학교재, 고등학교 교과서, 비평서, 번역서 등 대한민국의 문학적 국제위상을 높였다.

이러한 업적이 세계문학계에 알려져 국내에서 개인으로는 노벨문학상의 유일한 추천위원으로 대한민국 문학도를 위하여 평생 노력하고 있다. 노학자님은 언제나 〈문학은 국력이다〉라는 신조를 가지라고 설파 한다. "지금우리나라는 정치적 토론과 경제적 담화가 지배하고 문화적 담론이 없다.--문화적(문학적) 담론이 없이는 훌륭한 국가로 발전 할수 없다"고 한다. 문학적 이미지는 왕권과 비교 된다고 강조한다. 산업화 초기 '한국산은 싸구려'라는 이미지였다. 이런 이미지를 없애고 선진국대열에 오를 수 있었던 것은 문화적 담론으로 이를 극복하였기 때문이다. 이러한 문화적담론을 개발하는것은 노학자와 같은 문학적 선구자들의 피나는 노력이 있었기에 가능하였다.

眞情性

2020년은 하늘이 인간들로 부터 고해성사를 받는 해인 것 같다. 2020년이 밝아지자 모든 인간들은 행운을 빌었다. 그런데 지구상에서 미물중의 미물인 스스로는 아무것도 할 수 없는 바이러스가 생명을 얻어 지구상의 인간들을 습격하고 사람들은 코로나19에게 붙잡히지 않으려고 안간힘을 쓰고 있다.

그런가 하면 한반도엔 역사상 전례 없는 물벼락으로 산은 무너지고 수확을 앞둔 들은 노한 강이 되고 흙탕바다가 되어버렸다. 농민들의 꿈은 순간에 살아지고 난민으로 전락하고 말았다. 이런 자연의 현상 속에서도 정치인과 재산가 고위공직자들은 정치적 욕망 채우기에 혈안이 되고 있다.

이런 비극적 현실 속에서 문득 眞情性진정성(Authenticity)란 단어가 떠오른다. 한글사전에는 나오지도 않은 흔한 단어이다. 억지로 해석하면 '참되고 애틋한 정이나 마음'이란 뜻이다. 프랑스의 사상가 '몬테스키외와 '장 자크 루소'는 진정성을 문화적 관점에서 "진짜 자기 자신을 찾는 것"라고 정의하였다. 교회 용어사전에는 '하나님 앞에 나아가는 인간이 지닌 순결하고 허탄함이나 거짓이 없는 마음(One's true heart sincerity)'이라 하였다. 진정성은 인간에게만 한정 되게 아니다. 자연에도 진정성이 있다. 갈릴레오에서 다윈, 나아가 현대의과학자들까지 우주의 생성과 진화 뒤에 숨겨진 자연현상 매커니즘의 진정성을 밝히고자 지속적으로 연구하고 있다. 그러나 현대를 사는 인간들에게 과연 진정성이 있는가란 질문을 하여야한다. 지구상의 기상의 변화에 의한 인류의 빈곤과 엄청난 재해, 인간들을 공격하는 바이러스, 인간과 인간들의 진정성을 망각한 정치적 갈등과 싸움, 인간들에 의한 자연의 진정성 파괴 등은 인류를 스스로 파괴하는 역할을 자초하고 있는 것이다.

　인간들은 누구나 목숨이 위협받거나 위기에 당하였을 때 순간적으로 자기 잘못을 기억하고 목숨을 구걸하는 촌극이 벌어진다. 우리나라는 위기에 처하고있다. 황금들이 흙탕물 바다가 되고 사람들의 목숨을 앗아가고 있다. 익은 곡식이 순식간에 간데 온데 없이 없어지고 있다. 서울의 높은 빌딩이나, 삼복계절인데도 우람한 高大廣室고대광실에서 호화롭게 지내고 있는 위인들은 자신들이 단잠에 빠져있는 시간에 어디에선가는 산이 집을 덮어 목숨을 잃어버리는 광경을 상상이나 하고 있을까, 집값 떨어질까, 많은 재산을 어떻게 감출까 전전 긍긍하는 사람들은 성난 파도같이 광란하는 황토강을 모른다. 황토 강변에서 떨고 있는 농민들을 찾아가서 위로 한번을 하지 않는다. 진정성 있는 정치인이라면 수십억 원 자기재산 감추기에만 애쓰지 말고 산이 무너지고 집이 없어지고 가족을 잃고 울부짖는 현장을 찾아 위로의 말이라도 건네야 한다. 이런 진정성 있는 정치인, 고위공직자들은 없는가.

　하늘이 물벼락을 내린 것도 사실 알고보면 인간들이 자연의 진정성을 허물어 생긴 일이다. 정치인을 비롯한 모든 사람들이 진정성을 회복하여야 서로 같이 살수있다. 자연과 인간도.

超人

　독일의 철학자 니체(1841~1900)는 '초인을 향해 날아가는 화살이 되어라' 라고 주장하였다. 프리드리히 니체는 세계의 역사에 길이 남은 철학자이자 시인 음악 심리학자이다. 우리들이 흔히 아는 '신은 죽었다' 로 널리 알려진 철학자다. 초인이란 말은 현재의 자신을 뛰어 넘겠다는 결의로 미래를 향해 계속 뛰어오르려는 사람을 말한다. 우리나라는 2022년 3월 9일 20대 대통령 선거를 실시하였다. 표차 불과 1% 미만의 역사상 초유의 그 야말로 간발의 차이로 정치 초년생을 대한민국 견인차로 하늘이 지정하였다. 승자를 만든 국민들도 패자에 머물게 한 국민들도 간담이 서늘하였다. 한 사람은 일생동안 정치판에서 달고 닳은 정치판 용사였고 한 사람은 정치란 걸 전혀 몰랐던 사람을 문대통령이 끌어내여 결국 한국 수사수장으로 임명하였는데 그 사람이 현직 정치 세력과 맞서 싸워 단 0.7%의 차이로 기적같이 대통령이 되었다.

　추리소설 같은 사건이 되었다. 우리나라 선거 사상 가장 적은 표 차이다. 민주주의 종주국인 미국도 선거 결과에 불복종하여 재검표하는 사건이 발생하였었다. 그런데 이번 우리의 선거는 투표과정에서 정부의 선거관리 부서가 국민의 눈앞에서 투표과정의 잘못이 들어났음에도 잘못을 밝히려는 시도조차 하지 않았다. 법을 어겼는데 법을 적용 안 한 것도 불법이다. 승자는 아량이 있을 수 있으나 이권이라면 목숨걸고 싸움판을 벌여온 우리 정치판에서 이런 현상은 정치적 아량 이전의 문제로 보인다. 승패에 관계 없이 더 큰 부정을 묻으려는 것일 수도 있다. 처음 보는 정치꾼들의 부처님 같은 모습이 마냥 선의의 아량이라고 보기엔 몹시 어색하다. 정치 초년생이 대통령에 당선된 것은 분명 하늘의 뜻이다. 현재의 자신을 뛰어넘어 미래를 향해 계속 뛰어오르는 사람은 어느 순간 가속도가 붙어 쑥쑥 상승하게 될 것이다. 니체는 이런 사람을 초인이라 부른다고 말하였다.

德不孤 덕불고

　지난 7일 한국의 문화예술의 거리 서울 인사동 골목에 있는 식당에는 단정한 차림으로 모인 여러 사람들이 반갑게 인사를 하며 모여들었다. 이 광경은 코로나 암흑기(?)가 지난 뒤 3년여 만의 풍경이다. 신년교례회였다.
　이렇게 단체로 새해 행사를 하는 풍경도 드문 광경이어서 지나는 사람들마저 이채롭게 기웃거렸다. 이 한식집은 서울에서도 유명한 집인데 서울에 본부를 둔 '청하문학 중앙회'가 개최하는 행사이다. 매년 서울, 경기, 제주, 부산, 대전, 충남 예산 등 전국에서 참가하여 신년 교례회를 연다.
　이렇게 특별한 행사가 이루어지는 것은 이 모임을 주도하고 있는 저명한 원로 문학자가 수십년 동안 헌신적으로 한국문학에 기여하는 등 문학인들의 사표가 되고 있기 때문이다.
　한국의 문단과 문학인들을 세계적 수준으로 양성하겠다는 굳은 결의로 수십년 동안 희생적 노력을 하고 있는 성기조 교수의 60여 년 동안의 헌신적 노력에 회원들과 한국의 저명한 문인들이 모이는 연례행사이다. 대학교수를 거친 성 교수는 올해 90세인 나이에도 매주 하루는 정기적으로 세 번의 강의를 하고 강의시간 동안 젊은이 못지않게 열정적으로 강의를 한다.
　그 외에도 광주, 대전, 제주, 부산 등 전국 어디에서나 초청이 오면 마다하지 않고 달려가 철학적 깊이가 있는 문학 강의를 열강한다. 성 교수의 강의 특징은 열정적인 것 말고도 평범한 글과 말로 문학을 통한 인생을 차분히 전달하는데 있다.

그 평범한 말속에 진실한 생명과 맥박을 느낄 수 있다. 성 교수의 강의는 언제나 문학과 인생에서 진실을 사랑하고 진실을 말하는 데 초점이 있다. 90살의 성기조 교수가 지난해 12월 27일엔 전라남도 광주에서 3백여 명을 대상으로 2시간여 강의를 하여 호남지역 청중들에게 깊은 공감의 메아리가 가슴에서 가슴으로 흐르는 현장이 되게 하는 것을 보았다.

고령에 글을 쓰는 것은 가능하나 서서 강의를 하는 것은 초인적이라 할 수 있다. 인간의 한계를 넘나들고 있다. 올해 성 박사는 9순이다. 그럼에도 불구하고 올해도 10여년 계속하고 있는 매주 화요일 강의는 여전히 혼을 쏟아내는 열정적 강의가 될 것이다.

올해는 구순을 축복하는 제자들 이백여명이 축하의 글이 모아 헌납하여 장수를 기원할 계획을 세우고 있다. 성기조 교수는 德不孤 必有隣 덕불고 필유린(덕이 있으면 외롭지않고 사람들이 모여든다)의 인간 상록수이다.

글로 나라를 구하자

　글을 쓴다는 것은 생각을 키우는 일이다. 특히 어릴 적부터 생각을 키우는 것은 인간의 두뇌를 활발히 활동할 훈련를 시키는 것이다.
　우리나라는 오래전부터 초등학교에 글 짓기 과목이 있었다. 글자를 배우기 시작하며 그 글자로 자기 생각을 표현하도록 연습을 시켰다. 그러다가 1970년초에 정부가 초등학교에 작문(글 짓기)과목을 폐지 시켰다. 그 이유는 명확치않았다.
　오래전부터 정부의 정책 중 교육정책은 정책담당자의 소견에 따라 정책이 바뀌곤 했다. 다른 부서의 정책을 바뀔 때는 여러 이해 당사자들이 의견을 내기 때문에 좀 처럼 정책 바꾸기가 쉽지않지만 교육정책은 수요자가 학생이어서 수혜 당사자의 의견이 표출되지 못한다. 그러기 때문에 교육의 목표인 국가의 미래를 위한 확고한 인재육성이 갈팡질팡하게 된다.
　학교 안에서나 사회적으로나 학생교육에 영향을 미치게 하는 사건이 자주 일어나고 있다. 이런 교육여건에서 학생들의 생각을 올바르게 정립시키는 일은 중대한 국가적 문제이다. 한국의 교육행정이 난맥상 속에서 한 민간 단체를 운영하는 문학인 성기조 박사가 28년 전부터 시작하여 2023년 올해까지 전국청소년 백일장을 개최하고 있다.
　국회의장상, 문화관광부장관상 등을 수여하며 청소년들을 크게 격려하고 글 쓰는 젊은이들을 양성하고 있다. 앞서 말했듯 글을 쓴다는 것은 글을 쓰기 위한 여러 가지 여건을 자세히 들여다보는 과정이 필수적이기 때문에 자라는 세대에게 엄청난 교육적 영향을 준다.

한국은 1945년 일제 치하에서 벗어나 70여 년 만에 경제, 과학, 사회 등 모든 분야에서 일본을 추월하고 있다. 글을 쓰기 위한 준비과정에서 대한민국이 무엇이 필요한지를 청소년들의 생각 속에 각인시켰기 때문에 오늘의 대한민국을 만들 수 있었다고 말할 수 있다. 부질없는 글들이 오늘의 한국을 어지럽히고 있기도 하다. 올바른 글로 사회를 이끌어가는 인사들도 사라져가고 있다. 각자의 의사에 반하면 떼지어 필자를 괴롭히는 세상이다. 글이 칼보다 무섭다는 격언은 글 쓰는 사람들의 마음만 숙연케 하는 세상이다. 좋은 글로 세상을 올바르게 할 수 있는 사회가 되기를 기원한다.

지휘자

2019년 8월8일 저녁 6시 제주도 서귀포시 그 유명한 중문 백사장, 주상절리 병풍치고 작은 모래 오름에 태평양에서부터 달려온 하얀 파도가 힘차게 달려와 부딪치며 부서져내린다.

바다를 넘어가는 8월의 햇살은 전 세계 26개국에서 달려온 4천여 명 뮤지션들의 환영식장인 국제컨벤션 센터의 유리를 넘어 들어와 그 여력을 쏟아내고 있었다. 7시30분. 5000석 자리를 꽉 메운 탐라 홀은 30개의 황금색 관악기의 황홀한 선율이 청중의 숨소리조차 덮어버리고 있었다. 지휘자의 두 팔 열손가락의 움직임에 따라 새하얀 셔츠에 검은 정장을 한 30 명 뮤지션들은 일제히 저마다의 기량을 발휘하고 있었다.

1995년부터 시작된 제주국제관악제와 5년 전부터 시작한 국제 관악 콩쿠르의 화려한 개막 공연장이다. 오케스트라는 지휘자의 열손가락의 작은 움직임따라 연주되는 소리가 하나로 모아져 완벽한 화음이 되어 나온다. 지휘자는 연주자 한 사람 한사람을 보며 각기역할을 알린다. 일사불란하다. 트럼펫, 클라니넷, 튜바, 호른, 트롬본 등 각자의 악기 특성 음색따라 지휘자와 하나가된다. 지휘자는 각 악기의 특색을 면밀하게 조화를 이루도록 한다.

이런 장중하고 아름다운 선율에 혼을 빼앗기다 갑자기 가슴이 답답하여졌다. 대한민국은 지휘자 없는 오케스트라라는 생각이 몰려왔기 때문이다. 8월 8일! 나의 인생과 대한민국을 바꾸어 놓은 1980년의 8월 8일은 내겐 잊을 수 없는 날이다.

전두환이 정부를 강탈하며 國基를 새로 세운다면서 사회, 경제, 교육, 언론 등 모든 분야에서 대통령의 뜻에 따라 숙청이 회오리쳤다. 1980년 8월8일 내일 신문을 만들기 위해 숨쉴시간도 없이 일하고 있는 나에게 숙청의 올가미를 씌운 것이다. 아무런 혐의를 묻지도 않고 중앙일보 기자직에서 숙청된 날이다. 5년 동안 취직도 금지시켰다. 굶어 죽으라는 것이다. 6개월 동안 아내와 자식들에게 알릴수가 없었다. 가족들의 실망을 볼 수 없었다. 공포의 대한민국이고 공포의 나날이었다. 옥상에 혼자 올라 하늘을 원망하였다.

2019년 8월8일은 어떤가? 지휘자와 연주자들이 어떤 악기로 무엇을 어떻게 연주할지를 몰라 우왕좌왕 하고 있다. 연주자는 물론 청중들도 실망하여 어떻게 살아야할지를 모르고 갈팡질팡하는 형국이다. 연주자들은 지휘자의 손을 읽지 못하고 있다. 각 연주자의 악기와 실력을 모르고 손만 흔들고 있는 오케스트라 같은 형국이다. 아름다운 선율로 청중을 감동시키지 못하고 있다. 지휘자의 손만을 쳐다 보고 있는 연주자와 청중들은 황금선율을 기다리다 점점 지쳐가고 있다. 1980년의 8월8일은 반공자유민주주의, 2019년의 8월8일의 대한민국은 무엇인가? 어떤 음악회를 준비하고 있는지 알지 못한채 무대만 바라 보고있는 대한민국 청중들 같다. 지휘자의 손이 어떤 선율을 만들어낼지 불안하다.

하이에나 같은 사람들

외국 사람이 대한민국을 여행하면 "활기차다! 이것이 한국을 급속도로 발전시키는 동력 같다"고 느낀다고 한다. 이 말은 오래전부터 한국을 칭찬하는 감탄사(?)라고 우리는 생각하여 왔다. 그런데 요즘 TV 프로인 〈동물의 왕국〉을 보면 굶주린 하이에나가 선량하게 풀을 뜯고 있던 동물들 습격하여 필사적으로 도망치는 먹잇감을 전속력으로 쫓아가 잡아채고는 갈기갈기 찢어 먹는 약육강식의 현장을 보면서 소름끼친다.

이런 하이에나들도 먹잇감을 확보한 다음에는 동료나 새끼들을 불러 사이좋게 먹이를 나누어 먹고 배가 부르면 모두 평화롭게 들판에 누워 잔다. 먹이를 잡던 맹수의 모습은 사라지고 아름다운자연의 한 장면으로도 보이는 광경이 된다. 비축해 두었다가 다음에 먹을 궁리로 우선 먹을 것 보다 더 많은 먹이 사냥은 아니 한다. 식물도 동물을 잡아먹는다는 사실은 이미 1875년 찰스 다윈의 진화론에서 연구되어 있다. 그러나 이들 동식물들은 자신의 생존에 필요한 만큼만 다른 동물을 잡는다. 〈동물의 왕국〉을 보면서 동물들의 생존을 위해 먹이를 찢어먹는 장면에 우리정치인들을 오버랩 시켜본다.

우리의 정치현실을 영화로 보는 것 같다. 지금 한국에서 벌어지고 있는 정치꾼들의 추잡한 생존 경쟁이 아프리카 들판에서 벌어지는 동물들의 치열한 혈투를 생각게 한다. 동물들은 생존을 위한 것이지만 사람들은 무한히 많은 것을 모아 자기영역을 확장시키고 이렇게 쌓인 재물 때문에 큰 창고(형무소)에 갈지라도 눈 앞에 보이는 영화를 누리려는 욕망뿐이다. 그리스신화에 나오는 자신의 자식을 먹어 치우는 욕망의 신 제우스를 생각나게 한다.

논어 제2편 爲政위정에 '백성들을 정치로 인도하고 형벌로 다스리면 백성들은 형벌을 면하고도 부끄러워함이 없다. 그러나 덕으로 인도하고 예로서 다스리면 백성들은 부끄러워 할 줄도 알고 또한 잘못을 바로 잡게 된다'고 하였다. 지금 세계는 가장 위험한 처지에 놓여있다. 대한민국도 세계의 흐름을 무시하고 살 수 있는 처지가 아니다.

세계의 흐름에 역류할 수도 없다. 세계의 흐름을 모르고 우물 밖을 모르면 생존 자체가 무너질 수밖에 없다. 그러나 지금의 한국현실은 우물 안 정쟁으로 낮과 밤을 지새운다. 국회와 정부가 식물도 되었다가 동물도 되었다가 갈피를 못 잡는 형국이다. 전 세계적 베스트셀러인 『사피엔스』의 작가인 이스라엘의 젊은 역사학자 유발 하라리는 장차 인류에게 닥칠 세 가지 위기를 핵전쟁, 지구온난화(기후변화), 과학 기술에 의한 실존적 위기라고 갈파하고 있다.

더욱 가공스러운 것은 인공지능(AI)이 기존사회질서와 경제구조를 완전히 파괴하고 수십억 명을 노동시장에서 퇴출시키는 대란을 예고하고 있다. 이러한 세계적위기에 직면하고도 자파의 세력 확충에 눈이 멀어 우왕좌왕하는 대한민국 정치정세다. 동물들의 왕국보다 못한 정치지도세력들의 몰골이다. 매일 서울한복판 거리에서 국민들은 통곡하고 있다.

생명의 한계

나와 오랜 친분으로 많은 이야기를 나누는 저명한 사회학 교수였던 분과 오랜만에 만나 점심을 하였다. 그동안 만나지 못하기도 하였지만 그가 최근 오백 쪽 분량의 사회학 논집『學問餘滴』이란 전문서적과『한 사회학자의 濟州筆帖』이란 책을 발간하여 이를 축하도 할 겸 점심에 초대하였다.

그는 그의 책에서 계급과 지식인 지역사회개발, 사회변화 등을 심층적으로 분석한 가치 있는 논거를 싣고 있었다. 주말인데다 가을 날씨가 매우 쾌적하여 바닷가 호젓한 식당으로 가며 사람 사는 여러 가지 이야기를 나누었다. 그는 "이제 인생을 마무리하며 마지막으로 지금까지 하던 일을 정리하기위하여 책을 만들었다"고 말하였다.

그분은 몸도 건강하고 젊은이 못지않게 활동할 수 있고, 현재까지도 그렇게해 온 분이다. 한국사회학회 부회장, 제주학회회장, 감사위원장 등 요직을 지내고 제주학회와 제주대학 명예교수 직을 맡고 있다. 그분과 나는 물론 서로 대화를 위한 대화지만 사람이 어떻게 살아야 할지에 대해 말을 주고받았다.

그는 사람은 어느 나이에 다다르면 하던 일을 정리하여야 한다는 생각을 말하였다. 우리주위에는 나이들면 인생을 미리 정리하자는 사람들이 꽤있다. 서울대학을 나와 농화학을 전공하여 대학교수를 하던 나의 친구는 10여 년 전 교수정년이 되자 가지고 있던 서적을 모두 남에게 주거나 도서관에 기부하여 버리고 얼마 남지 않은 인생을 정리하겠다고 하였다. 그러나 그 후 10여년 이상을 건강하게 살며 귀한 지식을 사회에 되돌리지 못 한채 무위도식하며 살고 있다. 신은 목숨의 길이를 인간에게 판단할 능력을 주지 않았다. 인간에게 주어진 시간은 인간이 일할 수 있는 생명의 길이라고 생각한다.

생명이 있는 한 일을 하고 일이 끝나는 시간이 생명이 끝나는 시간으로 보아야한다. 우리 곁에 90세가 가까운데도 매일 강의와 하루 수만 자의 글을 쓰고 다듬으며 건강하게 생활하는 분들이 있다.

그들은 "내가 일을 안 하면 곧 죽을 것이다"고 말한다. 내가 존경하는 한 분은 평생 책을 읽고 얻은 지식을 나누어주려고 봉사하고 있다. 그분이 강의하는 시간엔 청년의 우렁참과 청년의 패기가 교실을 압도한다. 나는 그런 분을 처음 보았고 늦게나마 그런 분을 만난 행운에 감사하고 있다. 죽을 시간을 기다리기보다 일하다 생물적 생명의 한계가 될 때까지 일을 하는 것이 생명을 준 신에 대한 도리이고 행복의 길이라고 생각된다.

無爲而化

　사람과 사람이 처음 만날 때 보는 것이 사람의 얼굴이다. 얼굴은 그 사람의 인격이다. 모든 일은 얼굴과 첫 만남에서 그 사람과의 관계가 결정된다 하여도 과언이 아니다.
　사회적 만남이나 남녀의 만남에서도 예외가 아니다. 얼굴은 그 사람의 모든 것을 드러내는 거대한 인격이다. 이목구비가 정말로 잘 생긴 사람을 만나고 보는 것은 즐거운 일이다. 인자하고 후덕한 사람, 복스러운 사람, 학구적인사람, 선한 사람은 그 자체가 곧 아름다움(美)이지만 험상궂거나 궁상맞게 생긴 사람은 추(醜)하다.
　사람의 언행은 그 사람의 얼굴모양을 만든다. 사람은 사십이 되면 자기 얼굴에 책임을 져야한다고 옛 부터 전해진다. 어린 아기를 우리는 천사라고 한다. 얼굴이 천사 같아서이다. 애들은 어머니의 사랑 외엔 아무 욕심이 없다. 어린자식을 기르는 여인은 그 어린천사 같은 아기 때문에 그도 천사의 얼굴이 된다. 사람은 살면서 자기얼굴을 스스로 조각하는 것이다. 아름다운 생각으로 아름다운 일을 한 사람의 얼굴은 아름답다. 사회에 흉악한 일을 저지른 사람의 얼굴은 그 범죄만큼 험악하다. 우리는 진정으로 정신수양을 오래한 성직자들을 보면 얼굴이 마음에서 우러 나오는 아름다움을 단번에 느낄 수 있다.
　사람의 행적에 따라 품격 있는 얼굴이 만들어진다. 우리는 독일비밀경찰의 악독함, 우리 독립운동가 들을 고문하고 처형하는 일본 관헌들의 얼굴에서 뿜어 나오는 살기와 독기는 얼굴 외형을 아무리 깨끗하게 단장하여도 몸으로 느낄 수 있었다.

2022년 대한민국은 대통령과 국회의원을 선출하는 해이다. 한국의 미래를 결정하는 인물들을 국민들이 선출하여야한다. 국민들은 출마자들의 얼굴을 보고 말을 듣고 선출한다. 출마하는 모든 후보들은 하나같이 감언이설로 표를 구걸한다. 우리는 말없이 일하는 민족이다. 그래서 예부터 無爲而化무위이화란 말이 있다.

큰 인품과 인격을 가진 사람은 많은 말을 하지 않아도 훈훈하게 감화시킨다는 것이다. 참되고 성실하게 화기애애하게 살다보면 존경받는 기품있는 얼굴이 만들어 질것이다. 결국 내가 나의얼굴을 매일 매일 조각하여 마지막엔 내가 만든 나의 자랑스러운 얼굴조각을 세상에 남겨야한다.

분수 껏 사는 것

　한국 사람들은 오래전부터 생활의 도덕적 개념을 분수껏 살기로 삼아왔다. 분수껏 살기란 자기능력에 맞게 살라는 뜻이다. 자기능력을 넘는 지나친 욕심은 결과적으로 불행의 요인이 된다고 생각하였다. 자기에게 주어진 여건만큼 사는 것이 행복의 길, 지혜로운 삶이다. 모든 생물은 주어진 여건에 적합하게 진화하며 무리를 이루어 아름다운 생태계를 만들어 간다.
　인간이 분수를 몰랐던 한 예로 최초 제주도의 귤 재배를 꼽을 수 있다. 우리나라 귤 농사의 역사는 불과 50여년이다. 1965년대 초 까지 한국의 부유층에서는 일본에서 밀감을 수입하여 먹을 때였다. 밀감은 부유층의 사치과실이었다. 박대통령이 돌연 사치 과일인 감귤수입을 금지시켰다. 달러를 아끼기 위해 완제품 '귤'대신 원료인 묘목을 들여와 생산하자는 것이다. 정부는 특별사업으로 적극 지원하였다. 제주도농가에서는 재배 관리법도 잘 모르는 상태로 귤이 심겨지기 시작하였다. 당시는 기후조건 때문에 제주에서만 재배할 수 있었다. 농민들은 새로운 농사에 들떠 비료만 많이 주면 나무가 빨리 자라고 열매가 많이 열릴 것으로 생각하여 화학질소비료만 땅위가 하얗게 되도록 뿌려 주었다. 나무만 크고 열매는 열지 않았다. 생물은 스트레스를 받아야 종족 번식을 위한 본능이 발동한다. 분수를 모르고 분수에 넘게 하는 일은 언제나 화를 부르는 결과가 나온다. 특히 권력은 이런 원초적 현상이 두드러진다. 이승만대통령이 권력을 연장하려고 부정선거하다 망했고 장면 정권 때엔 국민들이 지나친 욕

구분출로 막을 내렸다. 박정희대통령은 나 아니면 이 나라 발전 안 된다고 하다 비명에 끝났다. 모든 진행형인 권력도 분수를 넘길 때 어떤 결과가 될지 생각해 보아야한다. 동서고금 과욕으로 역사가 바뀌는 길을 걷고 있다. 모든 자연은 주어진 여건만으로 공존하며 풍성한 지구를 지탱하는 큰 힘을 만들어 낸다. 지구상에서 오직 인류만이 만족할 줄 모르는 생물이다. 인간의 과욕으로 지구멸망을 예언하는 것은 정설이 된지 오래다. "서양문명은 不知足부지족의 문명이고 동양문명은 知足지족이 문명"이라고 중국의 胡適호적박사가 지적 하였다. 인류는 자연에서 생존의 지혜를 배워야한다. 권력은 생물이라고 하지 않은가?

태풍의 경제학

2022년 추석 전날 '힌남노' 태풍은 국민 전체를 공포에 떨게 하였다. 기상청 예보 부터 아직 체험하지 못하였던 초특급 태풍에 비가 하늘에서 물을 쏟아붓는 수준이라고 했다.

예보관에 나아가 정부의 발표도 큰 두려움에 싸이게 하였다. 과연 태풍 '힌남노'는 단시간에 끝났지만 바람의 위력은 대단하였다. 제주도 서귀포의 앞바다는 이천 미터 높이의 한라산이 있어 어떤 바람에도 늘 호수같이 잔잔하다. 그러기에 바람예보가 나면 조업하던 중국어선들 수백 척이 서귀포 앞바다로 몰려들어 시커멓게 메운다.

마치 섬섬 문섬이 이들 어선들의 모선같이 보인다. 이런데도 이번 힌남노 태풍은 서귀항 바로 앞 너비 일백여 미터의 새섬을 구름이 덮여오듯 파도가 섬을 뒤덮어 넘어왔다. 제주도는 거대한 화산섬이다.

한반도의 남쪽대평양 북단에서 동서로 길게 누어 있는 섬이다. 태초에 이 섬이 없었으면 힌남노보다 못한 작은 태풍이 와도 호남평야를 직통으로 휩쓸어 곡창의 역할을 못하였을 것이다. 수만 년 전부터 제주도는 한반도의 거대한 방파제 역할을 하여 지금의 한반도를 존재케 하고 있다.

제주도는 태풍으로 부터 한반도 를 보호하기도 하지만 제주가 태풍으로 인해 얻는 이익도 매우 크다. 태풍이 몰아 오는 엄청난 비는 90퍼센트 이상이 암반 틈을 타고 지하로 흘러들어 제주의 지하는 거대한 샘물저장고가 되어 있다. 수만년 동안 정화되어 온 이 물이 지금 세계적으로 공인받는 '삼다수'라는 名水명수다. 태풍이 몰아 오는 비가 原水원수인 셈이다.

육지에서 밭을 갈아 씨 뿌리듯이 갯가와 바닷속을 갈아주어 태풍은 바다에서 사는 해조류와 물고기들의 터전이 되어 바다의 생산성을 높여준다. 이것은 태풍이 아니곤 불가능하다.
　태풍이 없으면 정부가 많은 돈을 부어 갯닦기 사업을 하여야 한다. 그래서 어민들을 해마다 태풍이 오기를 기다린다. 바다의 속만 아니라 땅 위도 태풍을 기다린다. 땅 위에도 자연과 사람들이 생산하는 죽은 나뭇가지, 낙엽, 사람들이 버리는 온갖 쓰레기 더미를 깨끗이 청소하여 준다. 태풍은 이렇게 자연생태와 사람들의 삶에 큰 이익을 주어 경제적 효과가 있다.

모두 연결되어 있는 우리

　백의민족이란 자부심으로 이제는 세계 10대 경제 대국이 된 대한민국은 올림픽 개최국, 유엔 이사국 등 세계정상 그룹의 나라가 되었다. 6월 1일부터 서울에 있는 국립중앙박물관전시실에서 '우리가 인디언으로 알던 사람들'이란 제목으로 북미 고대인들의 삶을 담은 사진과 그림 전시회를 열고 있다.

　미국의 덴버 박물관이 소장하고 있는 151점으로 꾸며진 희귀한 전시회이다. 전시된 작품들을 고대 북미역사책 읽듯 자세히 보았다. 우리들이 흔히 미개인으로 알았던 그 인디언들, 우리들이 알고 있는 인디언들은 영화에서 본 독수리 깃털로 머리를 장식한 추장의 모습만이 기억나고, 현대를 사는 사람들보다 미개한 사람, 솔직히 말하면 우리들 보다 정신적으로 훨씬 뒤진 원시인들로 생각하였다.

　하지만 이번 전시회를 통하여 그런 인식이 완전히 잘못되었음을 깨우쳤다. 전시회는 우리나라의 면적보다 42배나 넓은 지역에서 570여 부족이 '북미 원주민'이란 이름으로 살고 있었던 것과 그들만이 가진 고유한 생활 모습을 생생하게 접하게 되었다.

　북미 원주민들이 고대로부터 살아온 모습이 담긴 작품들 대부분이 인디언들이 직접 그린 작품이란 점 뿐만 아니라 실사판처럼 정교한 묘사를 통하여 드러나는 그들이 지닌 정신세계에 놀라움을 금할 수 없었다. 인디언들의 세계관과 삶은 소위 현대 서구 문명인, 문화인으로 자부하며 세계를 지배하고 있는 현대인들이 지향하는 삶의 목표보다 고차원이라고 해도

무리가 아니었다.

　정신적으로나 외형적으로나 그들이 추구하는 가치를 21세기 소위 서구 문명 사회에 널리 전하고 있는 것이다. 부족간의 문화가 다양하지만 삶과 세계관은 자연과의 관계를 중요시하고 조화와 균형. 협력 평등을 강조하고 있었다. 인간을 '자연을 포함한 세상의 일부'로 생각해 살려고 노력하고 있었다. 북미 인디언들의 인사말은 '미타쿠예 오야신 mitakuye oyasin!(우리는 모두 서로 연결되어있다)이다.

　문명국, 문명 시대를 살고있는 우리는 왜 "우리가 모두 연결되어 있다."는 걸 잊고 있을까? 북 미 체로키족의 기도문은 사람들을 숙연하게 하였다.

　〈하늘의 따뜻한 바람이 그대의집에 부드럽게 불기를, 위대한 정령이 그 집에 들어가는 모든사람들에게 축복을 내리시기를….체로키족〉

생태백신에 대한 성찰

요즘 제주도 서귀포 일대에는 탐스러운 황금색 색깔로 가득하다. 귤이 나무마다 주렁주렁 달리고 들판엔 아낙들의 즐거운 콧노래가 흥겹게 흐르고 있다. 유래없는 물 폭탄과 이어진 두 번의 태풍은 사람들을 공포에 떨게 하고 나무가 뿌리채 뽑힐 것 같았다. 이런 혹독한 여름을 거치면서도 자연은 나무에 황금 열매를 주렁주렁 달리게 하여 사람들의 시름을 잊게 하고 있다.

올해는 인류가 역사를 되돌아보며 인류의 미래를 새로운 패러다임으로 생각하게 하는 중요한 분기점인 듯 하다. 지금까지 사회의 통념적 생각은 '뭉치면 살고 헤어지면 죽는다'였다. 연초부터 시작된 코로나19로 인한 비상사태가 점점 확산되자 정부는 모든 매체를 동원하여 시간마다 '뭉치면 죽고 헤어져야 산다'고 외치고 있다.

세상인심이 삽시간에 변하였다. 지금까지 우리가 체험하지 못했던 전염병 '코로나19' 라는 강적을 만나 인류를 모두 제 사는 구멍으로 몰아넣고 공포에 떨게 하고 있다. 우리는 그동안 사스, 신종 플루, 메르스 등을 전염병을 겪어왔다. 그리고 세계의 전문가들은 인류를 위협하는 전염병의 발생주기가 점점 짧아지고 있다는 사실에 심각한 우려를 하고 있다.

세계를 공포의 도가니로 몰아넣고 있는 전염병 코로나19 는 전염력이 아주 강해서 치료약이 없어 인류전체가 갈팡질팡 공포에 떨고 있다. 지금까지 발생한 전염병은 발생한 후 단시간 안에 백신이 만들어져 수습하였으나 이번 코로나19는 아직껏 화학적 백신을 만들지 못하였다. 대신 전염이 되지않게 각자 집으로 몰아놓고 사회전체를 마스크 사회로 만들고 있다. 생태적 백신 정책인셈이다.

이런 전염병은 인간들이 자초한 것이다. 바이러스나 세균들은 다른 생물들과 마찬가지로 알맞은 환경에서 자연 상태대로 생존하고 있다가 야생동물이나 박쥐 등의 서식지를 인간이 공격하고 파괴하자 새로운 숙주를 찾아 나선 것이다. 인류를 공격하는 현상으로 나타나고 있는 것이다.

인간들이 이러한 바이러스나 세균이 공격하는 고통을 당하지 않으려면 자연생태계를 파괴하지 않은 성찰이 있어야한다. 지구상의 인류를 포함한 모든 생물들은 모두 존재하기에 알맞은 환경에서 살고 있다. 인류가 자연전체를 독점할 권리는 없다. 코로나19 사태와 앞으로 예견되는 각종 전염병으로 인류가 받을 고통의 원인을 생각하여야 한다. 이것이 코로나19에 대한 가장 좋은 생태백신일 수 있다.

북극추위가 섬에 온 날

2021년 정월 이렛날 북극바람이 한반도 남단 섬 제주에도 몰아치고 있다. 제주는 항상 봄날 같다 하여 상춘의 섬이라 한다. 그러나 제주도는 태평양 북단 가운데 위치한 큰 산이 있는 섬이다. 섬이라지만 대륙이 가진 모든 조건을 지니고 있는 곳이다. 이번 북극추위에 제주섬 전체가 칼바람이 몰고 온 눈으로 덮였다.

나의 집 작은 정원에 있는 몇 그루의 나무가 자연의 흐름을 잘 알려준다. 지난해 봄엔 마른 가지에 탐스런 새하얀 작은 꽃이 피더니 나무 전체를 하얀 덩어리로 만들어 콩 방울 같은 열매를 맺고 차츰 커져 탁구공알만큼 자란 수백 개의 감이 달린 감나무가 있다. 감나무는 본능적으로 종족 번식을 위하여 씨앗을 많이 남기고자 열매를 많이도 만들었고 그 무게로 수백 개의 가지가 모두 허리를 90도로 숙이고 힘겹게 견디고 있다. 열악한 환경에서 자라면서도 자손번식을 위하여 이렇게 못 견디게 열매를 달고 있는걸 보면서 안타깝고 연민의정을 느낀다. 그뿐인가 멀리까지 영역을 넓히고자 새에게 몸을 내주어 달콤한 속살을 먹게 한다. 새들은 씨앗을 물고 멀리 날아가 그곳에 씨를 버려 감나무의 번식들 도와준다. 한겨울에도 마지막 몇 개의 감을 매달고 새를 기다리는 감나무의 모습을 보며 숙연해진다.

갑자기 몰려온 폭설이 노란 감 방울 위를 살포시 덮고 있다. 추위를 덮어주는 양. 감나무는 황금열매를 다 새에게 주고 나면 마른 가지엔 다시 새 눈을 만들어 새로운 가지를 키우고 또 꽃을 피워 자연의 철칙대로 새로운 삶을 시작하게 될 것이다.

　만물의 영장이란 인간도 이런 감나무와 같은 일생을 살고 있다. 감나무뿐 아니라 이 매서운 날씨에도 대지에서는 작은 생명이 여린 잎을 피우면서 얼굴을 내밀고 있다. 먹구름 폭설이 흘리는 냉기 속에서도 오히려 새싹은 배시시 웃음으로 세상의 삶을 시작하리라. 인류를 괴롭히는 바이러스도 지구생태계의 일원이다. 왜 이 바이러스가 이 시대를 살고 있는 인간들을 숙주로 삼고 있는지는 인간들이 풀어야할 숙제인지 모른다.

제2부

선장님! 선장님! 우리선장님

주말 아침 대부분의 신문들이 1면 머리기사로 '문 선장님. 이건 해도에 없는 길입니다' '문 정부 2주년 전날 북 미사일 2발 쐈다'라는 제목의 기사를 올렸다. 국민들은 요즘 동해안지역의 지진징조에 불안해 하고 있다. 비단 지진이 일어난 지역만이 아니라 전국민이 같은 마음이다. 또 지진만이 아니라 현재 우리 사회적 분위기도 마찬가지이다.

영국의 철학시인이자 화가인 윌리엄 브레이크는 그의 시에서 "모래알 하나에서 세계를 보고 들꽃 하나에서 천국을 본다. 그대의 손바닥에 무한을 쥐고 한 시간 속에 영원을 잡으라"라고 읊었다. 이천십구 년이다. 대한 미국의 운명이 걸린 해이다. 만물의 영장이라는 인간들이 풀꽃보다 못한 삶을 영위하고 있지나 않는지 생각해 볼 일이다.

1964년 항일 국교수립 전해 한국수역에서 불법 어획을 하는 일본 어선을 잡으려고 제주도 어업 지도 선을 타고 제주도 남쪽 100여km 해상까지 간 적이 있다. 내가 탄 배의 선장은 멀리 배의 모습만 보이면 전력을 다해 따라갔다. 하지만 거리가 좁아진다 싶으면 어느새 그 배는 방향을 바꾸어 멀리 가버리곤 하였다. 그러기를 다섯차례나 하였다. 그런데 선장이 일본 어선 따르느라 海圖해도만을 보며 항로를 기록하는 것을 깜빡 잊어 버렸다. 날이 저물어 일본 어선을 뒤따른 것을 포기하고 회항하려고 하니 우리배의 현재 위치를 알 수 없었다. "선장님! 어느 쪽이 제주 섬입니까?" 하고 물으니 온 선장으로부터 기상천외의 대답이 돌아왔다. "나도 항로를 잊어 버렸소!" 망망대해에, 강풍주의보는 발령되어 있고 참으로 아찔한 순간이었다. 마침 어선 한척이 지나갔으나 도움이 되진 않았다. 앞은 안 보이고 파도는 2m 가량이나 되어 위험천만인 상태로 악전 고투를 다섯 시간이나 겪은 뒤 새벽에야 겨우 제주로 돌아올 수 있었다. 지금 생각해도 아찔하다.

  오래전에 겪었던 이 경험은 나의 인생 고비마다 많은 교훈을 주었다. 우리나라의 오늘이 해도도 안보고 가상의 물체만 찾아가는 형상같아 〈대한민국〉호에 타고 있는 사람들은 가슴을 조이고 있다.

양귀비 마약꽃같은 정치권력

　국회의원들은 권력다툼 경기장의 전문 선수들인가? 국회의원이란 국민들로 부터 심부름꾼으로 선정된 사람들이다. 하지만 그들은 국민의 대리인이라기 보다 자신들의 권력확보에 혈안이 되어 있는 것으로 보인다.
　심부름꾼이 주인보다 몇 백배나 호화스러운 생활을 하고 있다, 오죽하면 대한민국 국회의원은 하느님도 부러워한다고 하였을까. 신분상으로 불체포의 특권이 있다.
　공식자료에 나타난 국회의원 특권은 월급 1000만원 휴가비 연 1200만원 등 연 1억3천 만 원에 비서 7명에 3억 8천 만 원, 국회의원이 끝나도 65세부터 사망까지 월 120만씩 주고 국회 내 호화사무실 11억원, 각종 특혜 2백 가지이다. 국민의 심부름꾼으로 보냈으나 새로운 국민의 상전이 되어 군림하고 있다. 국회의원의 생리는 언론의 카메라가 있으면 표정이 살벌하여지고 투쟁의 화석같이 되다가 카메라가 없어지면 전투적 표정은 웃음으로 바뀌는 칠면조와 같다. 번드르르한 표정으로 자신의 권력 투우사가 되고 있을 뿐으로 보여진다.
　전 정권은 새 정권에 의해 처벌받을 것이 두려워 여러가지 조항을 없앴다. 이들은 정권을 쥘 때 소위 적폐란 오라를 씌워 새로운 체제를 만들어 갔다. 어느 최고의 대표권력자는 아예 20년 독점정권을 만들겠다고 호언장담하기도 하였다. 그러면서 정부 금고가 바닥날 지경으로 마구 뿌리며 국민들에게 사탕발림하였다. 그 결과로 정권 선호도가 60%에 이르기도 하였다.

정권 말기에 가서 당초 그들의 정권하수인으로 지목하였던 정직한 비정치인이 나타나 〈법과 정의〉 깃발을 들고 말에 올라탔다. 법과 정의는 실천이 험하다. 어렵기만 하다. 14세기 프랑스 농부 소녀 '잔 다르크'가 프랑스를 침략하여온 막강한 영국군을 〈신의 뜻〉이라며 격파한 것을 연상케 하였다. 우리도 아마추어 정치인에 의해 정권이 아슬아슬하게 바뀌었다. 정권은 언제나 하늘의 뜻으로 이루어진다고 국민들은 믿고 있다. 그러나 늑대 같은 정치꾼집단들이 뺏긴 먹이를 되찾으려고 수단 방법을 가리지 않고 복수의 이빨을 내놓고 있다. 새 국정이 실패하기만을 바라고 있다. 그들은 비인간적이고 악랄한 수단으로 정권을 뺏아 20년 정권을 꾀하였던 터라 이 정권이 파멸적 정치가 되기를 바라고 있는지도 모른다. 누구를 위한 정치인가는 안중에 없다.

그들이 정권 잡았을 때 만들어 놓은 국회의 유리한 다수의석으로 나라를 어지럽히고 있는 것으로 보인다. 자연재해로 고통을 받고 있으며 이를 헤쳐 나가기도 아슬아슬한데 달리는 기마대 앞에 맨홀을 만들어 놓고 있다. 이 나라를 어찌할꼬! 선량한 국민들의 목소리다.

巧言令色

　요즘 대한민국에서는 전 세계를 휩쓸고 있는 코로나보다 더 시끄러운 것이 오는 3월에 치러질 20대 대통령선거에 출마한 후보자들의 치사스러운 언쟁이다. 정책 대결의 장에 정책은 간데없고 사사로운 개인사에 대머리 보험적용까지 들고 나와 표를 구걸하는 몰골이 국민들을 정치 실망의 수렁으로 몰아넣고 있다. 자기가 대통령 적격자임을 국민에게 알리고 내 편을 만들려고 갖은 수단과 방법을 내걸고 있다. 옛날에는 돈 봉투와 시골에는 고무신을 야밤중에 집집마다 돌리며 지지를 호소하였던 시절도 있긴 하였다. 누구든지 대통령 후보자들은 선거 때엔 자기를 희생하여 국가를 살리겠다고 유권자들에게 사정사정한다. 그러나 대통령이 되고나면 자신의 영화부터 챙기기 시작한다. 우리나라에도 전직대통령들이 모두 대통령직위를 이용하여 자신의 영화를 챙긴 사례가 들어나 법의 심판을 받고 있다. 특히 우리나라는 대통령을 지내면 당연히(?) 형사적 쇠고랑을 차는 불명예를 국민들에게 보여주고 있다. 대한민국은 대단히 정의로운 국가인가? 이런 대통령을 국민들이 선출한 것인가? 대통령이 되고 나서 사람이 달라져 국가에 해로운 짓을 하였는가? 대통령 선출권을 가진 국민들이 바보인가?

　지금으로부터 약 2천 5백년 전에 중국춘추시대의 세계적 사상가 공자와 그의 제자들의 언행을 기록한 유교경전인 『논어』를 통해 아첨꾼과 말만 잘하는 말재주꾼에 대하여 심하게 꾸짖은 대목이 있다. 공자는 '말을 좋게 하고 얼굴빛을 곱게 하는 사람 중에는 어진이가 적다(巧言令色)'고 하고 '말 잘하는 사람 보다 어눌하나 말에 진실이 깃든 사람은 의지가 굳고 꾸밈이 없는 진실한사람이다'고하였다. 삼천 년 전부터 인간의 삶의 원칙을 갈파한 교훈이다. 한 개인의 삶도 그렇거니와 한나라 5천만 명의 운명을 손에 쥐고 있는 대통령은 교언영색으로 국민들을 기만하는 것을 경계하고 선택하여야 할 것이다. 오는 3월 20일 대한민국 대통령을 국민이 선택하는 날이다. 앞으로 5년 동안 국민의 삶을 좌지우지하며 대한민국의 곡간을 지킬 인물을 국민스스로 선택하여야한다. 사사로운 생각으로 자기 목을 죌 인물을 뽑을지 나를 지켜줄 인물을 뽑을지를 스스로 선택하여야한다. 왜 하얀 포장 속에서 선택의 도장을 찍는지를 생각 하여야한다

손전화(핸드폰)와 인간

　나는지난 3월 28일 오후 4시 50분 전남 광주에서 서둘러 전라남도 해남행 버스에 올랐다. 이유는 핸드폰을 아침에 떠나온 보길도에 두고 온 것이었다. 다음날 경기도 부천에서 미국 교포와 일본에서 온 일본인 여행객과 만나기로 한 중요한 약속도 있어서 반드시 그날 중에 서울에 도착해 있어야 했지만 핸드폰을 찾고자 일행들을 광주의 호텔에 남겨 놓고 보길도 내려가고 있는 길이었다.
　보길도에 가기 위해서는 해남에서 또 다시 배를 타고가야 하는 상황이었으니 참 막연한 일이었다. 아침에 보길도를 떠날 때 해남행 배를 타려고 부두까지 이용했던 택시 안에 핸드폰을 흘렸던 것인데 그 잠깐의 부주의를 수습하는데 허비한 시간과 비용이며 겪어야 했던 혼란은 시셋말로 멘붕상태라고 할만했다.
　한국을 찾은 일본인들과 동행하여 당일인 28일 아침 선박편으로 보길도를 출발하여 땅끝마을, 땅끝마을에서는 고속버스로 광주까지, 광주에서는 기차 편으로 서울 용산까지, 용산에서는 전철로 부천까지 가고 그곳에서 기다리는 미국인과 회의를 한다음 다시 일본인들이 부산을 거쳐 일본으로 무사히 귀국하도록 해야 하는 쉽지 않은 여정이었다.
　보길도를 떠나 광주에 도착할 즈음 일본인들이 다음날 돌아갈 방법과 시간을 파악하고자 전화를 하려다가 비로소 핸드폰이 없어진 것을 알았다. 순간 앞이 캄캄해지면서 도대체 어디에서 없어졌는지 짐작도 할 수 없을 만큼 혼란스러웠다. 핸드폰이 없어진 것도 보통일이 아닌데 일본 사람들의 일정에 차질이 생길 수 밖에 없는 상황이 되었으니 제대로 정신을 차릴 수 없는 상태가 된 것이다.

현대는 컴퓨터 첨단기기에 의존하여 모든 생활을 한다. 그러기에 돈지갑은 없어도 핸드폰은 생명같이 귀하게 챙기는 것이 현대인의 모습이다. 일상 생활에 쓰이는 전기며, 전력 에너지, 자동차, 항공, 선박 등 교통수단은 물론이고 생명을 진단 치료하는 의학에 이르기까지 컴퓨터의 활약은 거의 압도적이다.

고도의 지능과 집중력을 바탕으로 하여 세계적 바둑 왕이라 불리는 이세돌과 컴퓨터 AI의 대결은 전 세계적으로 초미의 관심사였다. 엄밀히 말하면 컴퓨터의 운용능력이지만 순식간에 모든 경우의 수를 활용해볼 수 있다는 컴퓨터의 능력이 과시된 경기였다. 요즘에는 컴퓨터가 외과 수술까지 한다지 않는가. 컴퓨터에 의해 세계는 일시에 암흑에 갇힐 수도 있고 핵폭발을 시킬 수도 있다.

핸드폰 분실로 인해 유발된 낭패감은 사람이 만들어 놓은 컴퓨터에 사람이 지배될 수 있다는 것을 우려하는 경지까지 이르렀다. 손박닥한 기계의 위력에 속수무책으로 매달려 있다는 점이 더욱 허망하였다.

그런 한국 떠나라

얼마 전 쾌청한날 친구와 함께 절친한 분의 서예전에 다녀왔다. 전시를 다보고 전시장을 나오는데 친구가 '아 벌써 날이 어두워졌네.' 라고 중얼거렸다. 시계를 보니 오후 3시였다.

친구의 말이 의아해 하며 무심코 얼굴을 쳐다 봤다. 친구는 전시장에 들어가기 전 시내를 다니면서 썼던 검은 안경을 벗지 않고 그대로 전시장으로 들어가 작품을 감상하였다. 눈에 색안경을 쓴 것을 깜박 잊고 있었던 것이다.

'제 눈에 안경' 이란 말을 농담으로 쓴다. 자기 보고 싶은 대로 본다는 말이다. 요즘 거리를 거닐다 보면 가끔 빨간 안경을 쓴 젊은이들을 볼 수 있다. 세상을 빨갛게 보고 싶은 마음인가 보다라고 생각한다.

이런 잠깐의 거리풍경이라면 웃어넘길 수 있다. 그러나 거대한 국가나 사회를 보는 시야를 한 가지 특정한 색 안경을 쓰고 보는 것은 대단히 위험한 일이다. 안경 색을 선택하는 것은 자기 자신이다. 고대 중국의 사상가 노자는 "타인을 아는 자는 지혜롭고, 자기를 아는 자는 명철하다"고 하였다.

사람들은 다른 사람을 알려고 하는 일과 다른 사람을 비평하는데 온힘을 기울인다. 그것을 자신의 능력이라고 생각한다. 중국의 孫子·兵法손자병법에는 "나를 알고 적을 알면 백번 싸워도 위태롭지 않다", "적도 모르고 나도 모르면 싸울 때 마다 반드시 위태롭다"고 하였다. 21세기 대한민국이 수천 년 전 중국고사로 읽어 볼 수 있다.

매일매일 국민들은 코로나 역병으로 공포와 신음 속을 헤매고 있는데 대한민국 국민들을 법적으로 보호하여야할 핵심기관의 아귀다툼 실황이 매시간 수천 개의 매체를 통해 수백만 개의 화면으로 젖 먹이 에게까지도 노출되고 있다.

지겨워 화면을 돌려 버리고 만다. 정권의 환부를 도려내자는 자와 도려내면 생명이 위태로워진다는 절대 절명의 각오로 더럽고 악취 나는 진흙탕에서 엉켜 딩굴며 싸우는 것을 국민들은 흥미롭게(?) 보고 있다. 세계 초유의 정치 쇼에 국민들은 낯을 못 들고 있다. 색안경을 벗고 진짜세상을 보아야 한다. 영국에 있는 친구가 "그런 한국 떠나라"라고 전화가 걸려왔다.

'우리' 라는 말

"한 사람은 모두를 모두는 한 사람을" 이란 법정 스님의 법문 집이 서점가를 휩쓴 적이 있었다.

너와 나 가 아닌 '우리'란 세상은 즐거우면서 만유인력같이 없어서는 아무도 존재할 수 없는 원초적 힘의 원리다. 그런데 현실은 우리란 단어나 개념이 없다. 모두 '나와 너'뿐이다. 대한민국 국민은 백의민족이고 하나의 단군 자손, 한 핏줄로 이어진 민족이다. 더 크게 보면 지구상에 있는 모든 것은 하나의 사슬로 이어진 존재들이다. 하나만, 혼자만 존재할 수 없다.

하늘엔 햇빛과 구름과 바람이 지구의 모든 생명이 마실 수 있는 물을 하늘에서 뿌려주고 내린 물은 다시 햇빛의 힘으로 하늘로 올라가는 순환으로 지구상의 모든 곳 모든 생명을 유지시키고 있다. 눈에 안 보이는 미세생명체에서 부터 거대한 나무와 동물에 이르기까지 지구상에 존재하는 생명체는 모두 하나의 사슬로 연결되어 있다.

그렇기 때문에 인간과 인간은 물론 모든 생명체는 남이 아닌 우리인 것이다. 이같이 지구상의 생태환경은 물론 다른 생명체에 비해 생물적으로 허약한 인간생명체는 더더욱 상호접착이 되어 있지 않으면 한시도 존재할 수 없다.

그럼에도 인간들의 크고 작은 전쟁은 인류가 생성되면서부터 시작되었다. 국가 간의 전쟁, 옛 부족 간의 전쟁이 모두 개인들의 욕망을 채우기 위한 것이다. 이러한 경쟁이나 전쟁을 막아주는 단 하나의 접착제는 '우리'이다. 우리는 '우리는 하나' 란 공동체 의식이다.

인간과 인간은 물론 인간과 작은 풀잎에서 모든 식물 동물이 각기 생명을 유지하기 위한 필요불가결의 공동체인 것이다. 그렇기 때문에 각 개체마다 자기의 생명 유지를 위해 필수적인 공동체 의식을 가지고 생명을 서로 담보하고 지켜 주어야 한다. 들판의 눈에 안 보이는 작은 풀 한 포기나 하늘을 찌를 듯 서 있는 큰나무나 모두 공생의 원리에 의하여 존재하는 것이다. 인간들이 생각하는 의식적 '우리'보다 강한 생존 원리가 이들 생명체들의 공동 체인을 만들고 있다. 하물며 인간과 인간관계 공동체 의식은 경쟁을 넘어 본태적 생물적 공동체로서 이 땅 위에 살아야 한다.

풀포기가 없어선 동물이 존재할 수 없다. 동물이 만들어 내는 동물적 먹이(영양소)가 없어선 식물이 존재할 수 없는 것으로 알려지고 있다. 그리스 시대 철학자들은 식물에 혼(魂)이 있는 것으로 믿었다. 플라톤(BC427)등 일부 학자들은 식물도 동물과 같이 영혼이 있다고 주장하고 있다.

식물의 광합성 기능으로 모든 동물들의 먹이가 만들어지지 않으면 동물들은 살지 못한다. 지구에 재앙적 변화가 일어나 식물들이 피해를 받으면 인간을 비롯한 동물들도 동시에 생명의 위협을 받게 된다. 즉 '우리'라는 생태공동체의 변화는 전체를 파괴시키는 결과가 된다.

지금까지 지구상의 생물문제는 인간들의 사는 사회 전체에 치명적 영향을 주어왔다. 특히 우리 국민들의 생존이 달린 정치는 국민을 위해 '우리'리는 공동체 의식의 향방에 따라 국민들의 생활에 큰 영향을 준다.

정치인(국회의원)들이 지닌 '우리'라는 국민공동체 의식의 향방이 절대 절명의 과제가 된다.

적폐積弊

　적폐란 사전적으로 어떤 일이나 행동에서 옳지 못한 현상이 나타남을 말한다. 이 적폐란 단어가 들리면 마음이 쪼그라진다. 무슨 잘못이 있어서가 아니라 그런 사회, 정치, 경제, 문화적 현상이 국민들의 의식을 크게 위축 시켜왔기 때문이다. 문재인 정부는 이러한 정치적 적폐를 이유로 이명박, 박근혜 두 대통령을 구속하여 옥중에 있게 하여 사회적으로 불협화음이 커지게 하였고 여기에다가 지난해부터 '코로나19'가 적군처럼 침투하여 국민들은 정신적으로 불안과 공포에 시달리고 있다. 더하여 정부의 요직인 서울시장과 부산시장이 불미스러운 사고로 자리를 비우게 되어 재선거를 바로 앞두고 있다. 정치적 갈등의 구정물을 국민들머리 위로 쏟아붓고 있다.
　얼마 전 부산 가덕도 신공항 건설예정지에 대통령이 들려 공항건설에 필수적인 건설 예비타당성조사를 생략하라고 지시하였다. 국가재정법상 총사업비 500억 원 국가재정지원 300억 원 이상인 국가정책 사업에는 사업 타당성 예비조사를 반듯이 하게 되었다. 특히 항공의 특성상 사고가 나면 엄청난 인명피해가 발생하는 것은 누구나 아는 일이다. 몇 해 전 목포에서도 대형 항공사고가 일어난 적이 있었다. 그럼에도 타당성조사를 생략하도록 한 것은 선거를 의식한 특별조치로 비쳐진다. 만약에 사고가 나면 지역주민들이나 항공기 탑승자들에게 엄청난 피해를 입힐 일이 확실하고, 더욱이 문제가 되는 것은 불명예스러운 퇴임을 한 오모 부산시장은 수년전 이 지역에 친인척들 이름으로 많은 토지를 매수한 혐의가 드러났다는 것이다.

또 정부 산하기관인 한국토지주택공사 직원들은 광명, 시흥 등 신도시 건설예정지에 백억 원 상당의 토지를 사들인 것도 적발되었다. 한마디로 엄청난 적폐가 드러난 것이다. 적폐 없는 정부를 만들겠다고 탄생한 정부다. 문 정부는 적폐 없는 나라의 확고부동한 법적 정치적 사회적 기틀을 마련하여야할 책임이 있다. 그럼에도 문정부는 오히려 새로운 적폐를 생산하는 모양세다. 미국 하버드대학 철학교수이며 한국에도 『정의란 무엇인가』로 많은 독자를 가지고 있는 마이클 샌델교수는 최근 인간사회에서 일어나는 대학입시, 승자와 패자, 성공윤리, '인재선별기'로서의 대학 등 사회전반에 대한 평가서『공정하다는 착각』서문에서 인간의 능력주의를 세가지 명제로 설명하였다. 첫째 기회를 공평하게 제공하고, 둘째 능력을 마음껏 발휘하게 하며, 셋째 능력에 따라 성과를 분배 한다는 것이다. 이러한 원칙이 사회, 정치, 경제, 문화 등 모든 분야에서 지켜질 때 적폐는 사라지거나 최소화 할 것으로 예상할 수 있다. 정치적으로 지금까지 모든 정부가 시작할 때 적폐 척결을 말하고 지나고 나면 불행하게도 적폐 죄목 가시관을 써왔다. 이제 대한민국은 세계10대 경제대국, 선진국이다. 자라는 후대에게 불명예의 유산을 남겨주지 말아야 한다.

切磋琢磨 절차탁마

'빈손으로 왔다가 빈손으로 간다'는 말이 있다. 空手來 空手去공수래 공수거 이다. 이 말은 인간은 빈손으로 태어났다 죽을 때도 빈손으로 간다는 말을 빗대어 하는 말이다. 이 말은 모든 생물에 해당하는 말이다.

인간은 태어나는 순간부터 무엇을 하여야할 운명적 생명체이다. 그래서 어떤 일이 든지 열심히 하여 부모 형제들과 협동하여 무엇인가를 이루어 놓으려고 안간힘을 쓴다. 가족만의 유산을 만들어 개인적 부자가 되기도 한다.

자신만의 욕망을 채우는 것이다. 그런가 하면 유산을 나 아닌 다른 사람들과 국가 사회를 위해서 남기는 위대한 사람이 있다. 최근 한국사회에서 국민들이 큰 화제가 되고 있는 삼성의 이건희 회장은 26조원의 유산 중 60%를 사회에 환원한다고 하였고 그 외에 우리사회에서 가장 취약한 의료와 예술계에 상당한 유산을 남겨주었다.

18세기 미국의 강철 왕이라는 앤드류 카네기의 일화는 두고두고 후세에 남겨지고 있다. 당대 미국의 최대거부인 카네기는 어린시절 가난하여 초등학교만 나온 뒤 주급 2달러 50센트의 전보배달원으로 시작하여 세계 최대의 강철왕이 되었다. 그는 강철왕으로 부자가 되자 전국에 도서관을 수만 개 세워 어려운 어린이들에게 공부할 수 있는 길을 마련하여 준 일은 유명하다.

그는 "어린이들에게 글만 읽을 수 있게 하고 맡은 일에 온힘을 다하라. 반드시 밀물 때는 온다. 바로 그날 나는 바다로 나갈 것이다. 때를 놓치지 마라. 돈 있는 사람이 대학을 나올 기간에 나는 돈을 벌어 대학 나온 사람을 채용하는 사업가가 되어 있을 것이다"고 말하였다.

　사회를 위하여 내가 무엇을 어떻게 할 것인가는 인간의 됨됨이로 가름된다. 예전에는 나만의 생존을 위해서 노력과 활동을 집중하였다. 그러나 현대는 사회적 안전망과 문명의 발전으로 나 개인의 삶은 사회적 보장으로 대부분 해결할 수 있게 되었다. 때문에 나 개인의 생존을 넘어 사회에 보람을 추구하는 사회가 되었다.

　보람 없는 인생은 허무한 인생이다. 보람을 느끼기 위한 삶을 위하여서는 우선 바람직한 사회적 자기목표가 서있어야 하고 목표가 이루어졌을 때 흐뭇한 정신적 충족감을 가질 수 있게 된다. 그리고 사회는 이러한 개인의 노력을 인정하여주는 기쁨이 있어야한다. 사랑하는 자식의 성공을 위하여 고생하는 어머니 생활 속엔 보람을 기대하는 충족감이 있다.

　중국의 공자가 편집하였다고 전해지는 가장 오랜 시집인 詩經시경에 切磋琢磨절차탁마라는 구절이 있다. 옥돌을 자르고 끌로 쪼개고 갈아 빛을 낸다는 말인데 이는 어머니의 자식을 키우는 정성이고, 예술가가 시를 쓰고 그림을 그리는 정성을 가르치는 말이다. 일 년 이면 떠나는 권력자에게 국민들은 "당신은 국민들 앞에 무엇을 남기고 떠나럽니까?"고 묻고 싶다.

국민의 책임

2021년 말과 2022년 시작은 대한민국 대통령선거의 계절이다. 우리는 우리 손으로 대통령을 선거할 수 있는 자유민주주의 국가에 살고 있다는 것을 실감하고 있다. 행운의 시대. 행운의 나라에 살고 있다.

2022년 3월에 있을 대한민국 대통령을 내 손으로 결정할 수 있다는 행운과 자부심에 어깨가 절로 올라간다. 대통령은 국민들을 잘살게 할 수도 어려움에 처하게 할 수도 있는 막강한 힘을 가지고 있다.

얼마 전 전두환 전 대통령이 유명을 달리하였다. 그에 대한평가를 좋게 하는 뉴스를 본 기억이 없다. 그 유골을 묻을 데가 없어 그의 집에 보관하고 있다는 소식이다. 초대대통령 이승만은 부정선거를 이유로 하와이로 추방되고 어느 대통령은 자살하는가 하면 두 대통령은 현 대통령 임기 내내 형무소에서 지내고 있다.

이렇게 대한민국 대통령은 모두 마즈막이 불행하였다. 그러나 불과 50여 년 전 거지가 시내골목을 누비던 대한민국이 이젠 세계10대 경제 대국이 되었다. 세계가 놀란 기적 같은 나라가 대한민국이다. 이런 기적을 만드는 과정에서 대통령을 지낸 사람들이 모두 죄인으로 형무소에서 살고 있다.

세계 모든 민주주의 국가는 '민주주의는 모든 사람들이 스스로 삶의 주인이 되어 자유롭고 평등한 입장에서 대화와 토론을 통해 문제해결 한다'는 정신으로 국가를 운영하고 있다. 대한민국헌법 제1조는 '국가의 주권은 국민에게 있고 모든 권력은 국민으로부터 나온다' 라고 되어있다. 그러나 우리는 이 조문이 살아있는지를 실감할 수 없다.

그동안 박종철 이한열 등이 목숨을 걸고 항쟁하였지만 완전한 민주주의는 반세기가 되도록 요원하게만 느껴진다. 대한민국 정치통치자의 길은 험난하였지만 경제 통치자(?)들은 대한민국경제를 세계 최고 반열에 올려놓았다.

삼성은 '이기주의와 개인주의를 버리자, 도덕성을 회복하자, 먼저 인간이 되자'고 외치며 세계일류기업이 되었다. 지금의 정치는 특정 정치 '이데올로기'에 매몰되어 있다. 치열하다 못해 현장에서 필요하면 옷이라도 벗어줄 비장함으로 뛰고 있다. 지금까지 국민들은 선거공약에 신물이 났다. 국가 경영에 대한 철학은 안보이고 옛날 장터 약장사의 입놀림 같다고 국민들은 보고 있다. 아직 사회를 몸으로 체험하지 못한 젊은이들은 정치 마술을 보는 것 같을 것이다. 젊은이들은 인생을 처음 시작하는 출발점에서 달려갈 레인이 안보일 것 같다.

누가 집을 주고 누가 일자리를 만들어 줄 것인가를 알려 주어야한다. 대한민국은 언제나 정치가 불안하다. 삼류 정치 아닌 이류정치로 한 단계만이라도 올라 설 수 있으면 하는 마음 간절하다. 그리고 그 길은 쉽다. 내가 정 할 수 있기 때문이다. 민주주의 국가에서 모든 권력은 국민으로부터 나온다! 국민의 책임이다. 과거도 미래도.

오월과 정치 꾼

　오월이다. 이제 곧 오월의 화사한 봄볕을 가득 받은 이팝나무가 마치 하늘의 뭉개구름 내려온듯 거리마다 가득해질 것이다. 키 작은 들꽃은 땅에서 높은 나무엔 신록의 연두 빛이 온 세상을 덮고 있다. 아름다운 봄이고 아름다운 대한민국의 국토이다. 대한민국은 세계에서도 드물게 다양하고 귀한 기후대로 꽃이 없는 날이 없는 아름다운 강산이다. 한국 사람들은 이런 아름답고 신비한 자연 속에 살아오고 있다. 하늘이 내려준 큰 축복이다.

　오월은 이렇게 신이 준 가장 아름다운 계절이다. 그러나 하늘은 행운의 전부를 거저 내려주지 않았다. 그런 아름다운 자연에서 인간 스스로 심성을 다듬어야 했다. 그동안 금수강산에서 벌어진 불행한 역사는 이런 하늘의 교훈을 잘 말해 주고 있다. 대한민국 역사는 백의민족이라는 이름과는 다른 붉은 피의 역사이다. 1945년 이전 일본이 한민족 말살을 시도한 침략 행위, 이와 맞선 3.1 만세 투쟁을 비롯하여 나라를 지키기 위한 유혈의 민족 운동, 소련군 북한점령, 수백만 동족이 희생된 6.25, 수많은 젊은이들이 희생된 4.19 민주혁명, 5.16 군사 정변, 6.10 민주화 투쟁 뿐 아니라 북한의 사회주의 수령 독제 체제와 선군 정치등으로 끊임없이 국내 정치가 요동쳤다.

　대한민국은 세계적으로 드물게 자본주의 민주화를 이루어 세계 10대 경제 대국을 이룩하였다. 그러나 국내정치적 소요는 끊임없이 요동치고 있다. 북한은 김일성 일가의 세습정치로 피폐한 국민 생활이 이어지고 대한민국은 국내정치 극한대립으로 국민들을 불안하게 하고 있다. 한국 정치는 직업정치인들이 극한 政爭정쟁으로 선량한 국민들을 몹시 불안하게 하고 있다. 국민 세금으로 활동하는 그들이 오히려 국민들을 불안하게 하고 있다. 이런 현상을 새로운 정치꾼은 똑똑히 보아야 한다. 국민들이 뽑아줘야 하는 정치꾼들 아닌가? 국민들은 확실한 정치 주인이 되어야한다. 이 아름다운 자연을 있는 그대로 만끽할 수 있지 못함은 그 책임이 어디에 있는 것인가

상전이 머슴이 안되려면

봄은 이 땅 위에 있는 모든 것들이 자라기 위해 발돋움하는 계절이다. 이 계절의 원리를 인간은 알 수 없다. 그저 느끼고 그 느낌이 행동으로 생리적으로 일어나 변화하는 계절이다.

거리에서 자동차 매연에 둘러싸인 나뭇가지나 산속에 있는 모든 생물이 잠에서 깨어나 연녹색으로 변한다. 이런 원리가 어디서 나왔는지를 모른다. 그러나 작은 풀잎들은 알고 있을 것이다. 자연순환의 원리에 의해서 자라고 있기 때문이다. 인류도 여기에 예외일 수 없다. 사람들은 환경을 보호하자 자연을 보호하자며 떠들고 있지만 인간이 자연을 보호하는 건지 자연이 인간을 보호하는지를 착각하고 있다. 누가누구를 보호하는 것일까? 인간과 자연을 보호와 피보호 대상으로 생각하고 있다. 인간사회도 보호하는 자와 피보호자를 구분하며 산다. 사회가 짜여지고 이를 위한 인위적 질서를 규범으로 만들어놓고 질서를 지킨다는 명분으로 모든 권력 계급을 만들어 그 비용이라고 국민들의 피땀 흘린 돈을 받아내고 있다.

민주주의는 그 권력을 국민들이 위임하고 있다. 4월 10일은 그런 사람들을 찾아 위임하는 날이다. 권력 남용을 막기 위해 4년마다 바뀌고 있다. 재임되기도 하고 다른 사람으로 바뀌기도 한다. 이러한 방법은 지구상의 대다수 인간 집단들이 같은 형식으로 지도자를 채택하는 방법이다.

아프리카 오지의 미개한 식인종이 사는 집단도 나름의 방법으로 사회질서를 유지 시키며 살고 있다. 대한민국도 질서 유지를 위해 '국민투표'라는 거대한 행사를 치르고 있다. 이 방법으로 수십년 동안 사회를 유지하고 있으나 실패하는 확률도 높아 사회문제가 되기도 한다. 지도자가 되겠다는 사람들을 고르기가 어렵기 때문이다.

　국민들 수준이 높을수록 사람을 고르는 안목이 높아진다. 그러나 지도자가 되겠다는 사람들을 잘 알 수 없는 상황에서 어떤 사람을 나의 대리인으로 위임할지 선택을 망설인다. 알 수 없는 사람을 정치집단이 데려다 놓고 이 사람을 선택하여 달라고 읍소한다.

　이런 문제는 선거 민주주의가 생긴 후 수백 년 되풀이되고 있다. 그러나 이 방법 외에 마땅한 제도가 없다. 그러기에 선택하는 국민들은 또다시 고민에 빠져 있다. 한번 위임받으면 책임이 먼저 앞서는 자리이건만 일부에서는 최고의 영화를 누리는 자리로 생각하여 갖은 감언이설로 표를 구걸한다. 민주주의라는 제도를 완성해가는 도덕적 국민 정치 수준을 높일 교육이 아쉽다. 국민의식수준을 높일 도덕과 윤리과정은 어디로 갔는지 보이질 않는다. 내가 피땀흘려 번돈을 주며 고용하는 사람을 고르는 일은 雇用主고용주의 일이다. 고용하고 후회하면 피고용인에게 주인이 고용되는 역현상을 심각히 생각할 순간이 다가 왔다.

정치는 최하, 경제는 최고

　21세기 세계 경제 10대국이란 나라 꼴이 말이 아니다. 한두 사람 정치인들이 문제가 아니라 2년 전 집권하였던 정당과 현 정권의 싸움이어서 그렇다. 아슬아슬하게 정권을 놓쳐서 그 아쉬워여서 일까? 이건 말이 안 되는 어린이 장난 같은 생각이다.

　며칠 전 국회의장이 의장석에서 대 정부 질의하는 장관과 야당 중진 의원의 설전을 보다 못하여 단상에서 "이게 뭔 꼴이야, 초등학교생들이 싸움도 아니고!" 국회 개회중 생중계하는 장면을 국민들이 보는 가운데 내로라하는 야당 의원과 국무총리가 대정부질의 하는 장면에서 국회의원이 총리 답변을 들은 척도 아니하며 일방적 악담(?)수준의 공격만 하자 국무총리가 고함치며 항의하는 것을 국민들은 똑똑히 보았다.

　정말 초등학교 불량(?)학생들의 싸우는 꼴불견으로 보였다. 국회의원들이 의사당 안에서 싸우는 광경을 국민들은 많이 보아 왔다. 문을 부수기도 하고 의장석을 탈취 패싸움도 시중 깡패 수준으로 생중계되기도 하였다. 국민들은 이런 국회의원들이 불량배들 수준의 행위를 숨죽이고 보고 있다. 일반 국민들이 국가 기물을 문 한 짝만 부셔도 그 배상책임을 물며 배상과 형사 처벌을 한다. 그런데 국회에서 국회의원들이 깡패 수준의 행패는 당연 한듯이 한다. 일반사회 규범의 형사처벌 규정은 일반 사회법에 어긋나면 당장 수갑채워 처벌한다.

　법을 만든 정당 책임정치인이 국가 기본 법을 안 지키는 횡포를 국민들은 어떤 눈으로 보고 있을 것인가? 우리 국회의원들은 언필 층 자신들의 생각과 어긋나면 불량배들의 행패 수준으로 국가 소유물을 부수고 행패 부린다.

　최고의 일당을 주고있는 고용주 국민들이 고용인(국회의원)들의 부리는 행패를 국민들은 참 어이가 없어 한다. 민주국가에서 모든 국민은 동등한 권리와 동등한 대우를 받는다고 헌법에 명시되고 있다. 그런 국회 선량들이 하는 짓거리는 국민들 지탄과 형법으로 다스려야 할 사항들이 매일같이 생중계되고 있다.

　몇 달 있으면 현역 국회의원과 국회의원 희망자들이 표의 주인들을 찾아 머리 조아리며 한표 구걸을 하게 된다. 옛날, 거리에서 구걸하는 거리 거지와 다름없는 행동을 한다. 그리곤 황금뱃지를 달면 표변하여 국민 위에 군림하고 무소불위의 행패를 자행한다.

　법을 만드는 것도 정파적 이해에 따라 한다. 이럴 바엔 이 국회제도를 없애는 것이 낫다고 한탄하는 국민들이 많다. 옛날 어느 철인이 "선거 민주주의는 인류 최악의 제도이다. 그러나 대체할 제도가 없다"고 한탄하였다.

　필요악인 셈이다. 한국경제개발의 지도자였던 작고한 이건희 회장은 "한국경제는 세계 최고의 수준이나 정치는 세계 최하이다"고 한탄한 적이 있다. 한국인은 예로부터 선한 백성들이었다. 영국의 소설가 조지 오웰은 "우리가 증오하는 것이 우리를 파멸시킬까 봐 두려워했다"고 말 한 적이 있고 영국의 소설가 올더스 헉슬리(1894~1963)는 "우리가 좋아서 집착하는 것이 우리를 피괴시킬까 봐 두렵다"고 하였다.

대통령 불신 결의를 위하여
― 한국 국회의원들의 일본행

    2023년 4월 5일 한국에서 발행하는 신문 일면에 대한민국 국회의원들이 망연자실한듯한 표정으로 서 있는 사진이 실렸다.
    그 사진에 따른 기사를 보는 순간 갑자기 자존심이 송곳으로 찔린듯한 아픔을 느꼈다. 왠 일일까? 우선 '교활한 일본'이란 생각이 치밀어 올랐다. 후쿠시마 방사능 오염수를 방수하여 어업자원에 큰 피해를 주는데 대해 진상을 파악하고 이에 항의하러 찾아간 대한민국 야당 국회의원들에게 해당회사는 회사 문도 열어주지 않았다는 기사였다.
    이 기사가 사실이라면 대한민국의 체면을 손상시키고 대한민국에 대한 일본의 외교적 결례에 분노할 일이다. 또 한편으로 이 사건은 현재 대한민국 야당이 대통령을 무차별 공격하고 있는 정치적 혼란을 외국에 적나라 하게 보여준 것이기도 하여 씁쓸하다.
    이 사건은 지난 2013년 일본 후쿠시마 방사능 오염수가 바다로 방류된 사실이 알려지자 우리 정부는 이 지역 수산물을 수입 금지 시켰다. 그러자 2015년 일본 정부가 이런 한국 조치가 부당하다면서 WTO에 제소하였고 2019년 4월 WTO가 '한국의 조치가 타당하다'라고 한국 편을 들어주었다. 이에 따라 한국 정부는 후쿠시마 수산물 수입을 금지 시켰다.
    지난 3월16~17일 윤 대통령이 일본 방문시 윤석렬 대통령과 기시다 일본총리 회담에서 공식적으로 후쿠시마 수산물 수입은 없다고 윤 대통령이 공식 발표하였다. 그럼에도 불구하고 야당 의원들이 집단으로 일본 후쿠시마 현지에 가서 항의하려고 일본 회사를 찾아갔다. 그러나 일본 회사는 문도 열어주지 않아 대한민국 국회의원들이 망연히 서 있는 사진이 보도된 것이다.

이 사건을 보는 국민들은 첫째 대통령이 한일 정상회담에서 결정한 것을 못 믿어 야당 의원들이 집단으로 외국 현지에 가서 항의하려 하였으나 일본이 거절하였다는 것과 경위야 어쨌든 일국의 야당 국회의원들의 집단 방문에 문도 열어주지 않았다는 일본 측의 태도에 몹시 화가 난다.

이것은 일본이 대한민국 국격을 무시하였다는 결론이다. 하지만 확실한 약속도 없이 외국 회사를 찾아간 것은 국회의원들의 엄청난 외교적 결례에 해당된다. 더욱이 야당이 외국에까지 가서 국내적 여야 정쟁을 공공연히 드러낸 것 같아 대한민국 국격을 떨어트린 결과가 되었다.

통치자의 지혜

얼마 전 은퇴한 어느 정치인의 눈감고 고개 숙인 사진이 나왔다. 집권당의 당론을 거부하고 개인의 의견을 발표하였다는 이유로 징계를 받은 인물의 사진이다. 대조적으로 며칠전 한손을 불끈 쥔 독재자 '우고 차베스'의 사진과 자연스럽게 캡처 되었다.

이 두 신문사진을 보며 겉으로 보이 않는 힘이 우리의 정치 사회 경제 문화 모든 영역에 퍼져있다는 생각을 하게 되었다. 이 은퇴한 정치인도 당론을 거역 하였다는 이유로 은퇴 후도 징계를 하는 넌센스 같은 판이 벌어진 것이다. 유권자인 국민들이 늘 충격을 받고 정치에 실망하고 있는 것은 선거기간 중 그렇게 당당하던 국회의원들이 당선 후엔 존재를 확인 할 수 없다는 것이다. 특히 야심 찬 젊은 정치인들이 당선 후의 국가와 지역을 위한 의정활동을 외치던 기백은 여름철 아침이슬과 같다. 집단 의견이 아니곤 아무것도 할 수 없는 것이 한국의 정치집단의 현주소다. 세계적으로 포퓰리즘 정치를 하다가 실패한 대표적 국가가 베네수엘라이다.

포퓰리즘은 대중의 견해와 대중의 바람을 대변하고자하는 정치사상과 활동이라 할 수 있다. 베네수엘라의 '우고 차베스'대통령의 반미와 포퓰리즘은 막강한 석유자원을 바탕으로 터무니없는 퍼주기 정책을 하다가 석유 자원의 고갈되자 국가가 파산하였다. 차베스는 국민이 원하는 것은 즉석에서 다 해결하여주어 국민들로부터 지지를 받으며 오랫동안 정권유지를 하여 왔다. 국가자원 적으로 우리와 비교 할 수는 없지만 국민들의 마음을 일시적으로 토닥이기 위해 나라 곡간을 다 털어 국민에게 돈 나누어 주고 국가 경영을 위한 삼권분립의 기본원칙도 진영주의에 메몰 되어 진영이 아니면 아무것도 할 수없는 현실임을 대다수 국민들은 느끼고 있다. 어느 신문의 칼럼니스트는 한국에 이미 차베스 주의가 진행하고 있다고 지적하였다. 그가 지적하는 차배스의 정치형태는 사법의 사유화, 헌법 개정, 선관위원의 사유화, 연동형 비례대표제로 선거압승, 통신, 전력, 은행, 식품유통, 석유 회사 등 유력기업의 국유화 등이다.

노자는 자연과 인간은 모두 有無相生 두 개가 하나 되지 않으면 세상은 존재 할 수 없다고 하였다. 노자는 통치자는 하나를 얻어서 천하를 올바르게 한다고 하였다. 노자는 대립하는 두 개가 공존하고 두개 대립 면이 꼬임으로 하나 되는 것이라 하였다. 가치관이 혼란스러운 우리 현실에서 모든 정치인들에게 윤동주의 시 "죽은 날 까지 하늘을 우러러 한 점 부끄럼 없기를--"(하늘과 바람과 별과 시)을 들려주고 싶다.

고집만 부리는 짐승버릇

대한민국이란 강과 저수지는 뚝을 쌓아 하늘에서 내린 빗물로 거대한 호수를 만들고 거대한 유람선을 띄워 호의호식하던 저수지가 와르르 무너지고 새로운 저수지에 물이 몰리며 화려한 유람선이 소용돌이에 휩쓸리고 있다.

새로운 유람선에선 새 선원을 구하여 새로운 항해를 시작하려는데 이를 방해하고 거부하려 하고 있다. 5년전 이 유람선을 정당한 절차 없이 탈취할 때 이를 지휘하던 사람은 앞으로 20년 이 유람선으로 대한민국을 호화유람하겠다고 호언장담하고 고급기름값을 빼내어 호의호식하고 썩은 기름으로 운항하다 폐선의 위기 몰려 난파 직전, 선원 전체 교체라는 선주(국민)의 극약처방이 내려졌다.

위기에 처한 선주들은 새 선원을 모집하고 새로운 해도로 세계를 향해 출항 준비를 하고 있다. 5년 전 순항 하던 배를 해적같이 탈취하여 부드럽고 연약하게 보이는 선장을 임기 동안 형무소에 가두고 5년 동안 일주일에 한 번 씩 수갑 채워 공개로 불러내는 수모를 주며 국민들을 겁 주었다.

중국의 철학자 노자는 "부드럽고 약한 것이 억세고 강한 것을 이긴다(柔弱勝剛强)"고 하였다. 결국 권력 임기 말이 되어야 마지못해 수갑을 풀어주었고 선주는 선장을 위시하여 선원 전원을 해고하였다. 동서고금 권력을 잡은 자가 이렇게 극악무도하게 정치적 부도덕 행위를 한 예를 좀처럼 보기 어렵다. 현 권력자의 임기 중 전 대통령 두 사람을 임기 동안 형무소에 가두어 놓은 예는 찾기 어렵다.

이런 모습에 대해 노자는 "단단하고 강한 것은 죽음이 무리다"(무리지어 죽음)라고 하였다. 이제 며칠 후면 강철 권력자가 막을 내린다. 우리나라 역대 권력의 끝은 언제나 뒷모습이 비참하였다. 초대 이승만 대통령은 독립투사로 세계에 처음 대한민국의 이름을 새겨주었으나 이국 땅으로 쫓겨가 거기서 생을 마치게 하였고 대한민국을 세계 10대 경제 강국의 발판을 놓은 박정희 대통령은 자기 수족의 총알로 비참한 최후를 마치었다.

노무현 대통령은 세계 초유의 대통령 자결이란 뉴스를 만들어놓았다. 전두한 대통령과 노태우 대통령은 국고횡령이란 최 후진국 형 범죄로 법정에 나란히 서서 형을 받는 전무후무한 사진을 세계에 내보냈다. 기업적 국가경영을 하던 이명박 대통령도 죄인이 되어 현 정권하에서 형무소에 거처를 못박았다. 지금 국민들은 대통령 한 분이라도 영광된 퇴임이 되기를 원한다.

우리나라의 저명한 종교철학자 함석헌 선생은 '인간혁명의 철학'이란 저서의 첫머리에 "옷이 좋지만 너무 잘 입으려면 나를 벗겨 짐승의 꼴을 드러내놓게 한다."고 말한 바 있다. 하필 이 시기에 이런 글귀가 생각나는 건 왜일까.

쌈꾼 정치인들

'선생님'을 至上지상의 존재로 여겨 '선생님' 그림자도 밟지 말라던 시절이 있었다. 그 시대엔 사람이 태어나 훌륭한 인격체로 만들어지려면 선생님이 가르침이 있어야 한다는 철칙(?)이 있었다. 학교도 선생님을 양성하는 학교가 따로 있었다. 사범학교다. 전문가 교육이 아니라 사람의 인격을 가르치기 위한 학교로 가장 우수한 학생들이 입학하였다. 직업적으로 가장 안정되고 취업도 의무적인 전문교육자가 되었다. 그러한 선생님들이 최근에는 학부형들의 냉대와 자기만을 위해 비도덕적 비윤리적으로 공격하여 학생들 앞에서 극단적 최후를 택하는 경우도 발생하고 있다. 사회적 물의가 일어나고 사회를 구성할 인재들을 어디서 어떻게 양성할 것인가를 뜻있는 사람들은 심각하게 고민하고 있다.

사회를 올바르게 이끌어갈 지도자를 양성하는 것은 교육이다. 교육자는 국가나 사회를 이끌어갈 지식과 기술의 전달 능력과 자질계발, 인격 형성을 전문적으로 하는 특별한 전문가이다. 그렇기 때문에 어느 사회 어느 국가든 교육자를 가장 우대하고 존중하고 있다. 그런데 최근 학생들 앞에서 학부형이 선생님을 구타하는 등 인격적 모욕 행위가 빈발하고 있는 것은 국가의 위기이다. 교육을 전담하고 있는 것은 전문학자들이고 이들은 국가 각 분야에서 국가에 봉사하고 있다.

우리나라는 역사적으로 그리도 많은 국가적 난세를 겪으며 살아왔다. 조선시대를 지나고도 1945년 8월 15일까지 36년 일본에 의해 인권이 유린되어 살다가 민주주의 자본주의 현대국가로 탈바꿈 한지 80여년이 되어간다. 외세에 의한 동족 간의 전쟁을 치르며 국가적 소용돌이를 겪어왔다.

지금은 정치적 소용돌이가 국민들을 불안에 떨게 하고 있다. 형식상 민주주의의 근간인 정치인들로 구성된 국회 정치, 법 전문가로 구성된 사법, 행정가들로 운영되는 행정부가 상호 견제하며 국가를 운영하고 있다. 그 가운데 정치세력만 너무 강해 행정과 사법이 뒤흔들리고 있다.

입법권을 가지고 있는 정치가 행정과 사법을 마음대로 주무르려 하고 있다. 그런데다 국가균형의 지렛대인 사법부가 정파에 휘둘려 폭풍전야 같다. 내년은 국가운영을 새로 맡을 인재를 뽑는 총선이 있다. 국가운영이 하루아침에 색이 바뀔 수도 있다는 두려움을 일반 국민들은 느끼고 있다. 국민들은 안정된 정부를 바라고 있다. 국민들은 정치를 걱정하고 있다. 쌈꾼 정치인들을 국민들은 싫어한다.

현명한 국민들이 국가를 걱정하고 있다. 특히 인격육성을 바탕으로 하는 유능한 사람들이 이 나라를 걱정하는 쓴소리가 절실하다. 제대로된 교육을 받은 인재를 원한다. 위태로운 교권이 회복되기를 간절히 바라고 있다.

공명이론

오래전 기억이 문득 문득 되살아난다. 지금부터 50년도 더 된 시절의 이야기이긴 한데 요즘 신문을 보면서 생각나는 일이다. 예전에 제주시내 가장 번화가 골목에 목욕탕이 있었다. 당시 목욕탕의 구조가 밖에서 부터 남녀 목욕탕 들어가는 문이 기둥을 사이에 두고 구분되어 있고 가운데에 사람 앉은키만큼 높은 위치에 의자를 만들어 거기에 앉아 목욕 값을 받고 탈의실과의 사이에는 천으로 가려놓았었다. 목욕탕 주인은 50대로 보였다.

이 남자의 손에는 언제나 신문이 들려있고 또 열심히 읽는 모습을 보였다. 또 간혹 시간이 나면 다방에 가서 종업원에게 신문을 달라하고 높이 들고서 열심히 읽기도 했다. 그리곤 '아하! 세상이 어지럽구나!' 하며 사회를 한탄하는 걱정을 했다. 그런데 알고 보니 이 남자는 글을 전혀 읽을 줄 모르는 사람이었다. 그는 신문을 들고 시커먼 큰 활자가 지면을 메운 정도에 따라 세상 돌아가는 것을 짐작하였다. 그가 글을 모른다는 것을 일반사람들은 몰랐다.

지금도 신문지면 구성은 마찬가지지만 나쁜 기사가 언제나 크게 실리기 때문에 지면에 시커먼 큰 글씨가 많으면 사회가 어지럽다고 판단하게 된다. 요즘 시커먼 초대형 활자가 신문지면을 가득 메운지 오래 되었다. 나는 4.19 혁명 이후 큰 변혁기의 신문들은 원형대로 모아놓고 있다. 이기붕 국회의장 일가족의 집단자살 현장 사진 기사를 비롯하여 이승만 대통령이 하와이로 망명할 때 연도의 국민들이 울고 있는 사진을 보면 이 나라의 비운에 한숨이 난다. 4.19 학생혁명의 발단인 마산 이주열 열사의 처참한 사진, 장면 정권의 몰락과 5.16군사 혁명, 당시 군장한 박정희 소장의 사진 등 대한민국의 흐름을 누런 옛 신문에서 본다.

우연히 영국 캐임브리지 대학 교수인 루퍼트 셀드레이크(1942~) 박사의 이론을 읽었다. 그의 이론은 '두 번 일어난 일은 세 번 일어날 수 있다. 비행기사고는 어떤 시기에 집중적으로 일어난다. 같은 범죄는 반복된다. 역사나 사회 배경도 장기적으로 바라보면 같은 일의 반복이다.' 이것을 '공명이론'이라고 하였다. 이 같은 현상은 우리현실에서도 자주 일어나는 일이다. 12월 5일자 모일간지엔 '박근혜 국정농단이 점점 사소해 보인다' 는 오피니언 기사가 나왔다. 국민들은 요즘 광화문과 서초거리에서 전국에서 모인 국민들의 함성을 보며 가슴조이고 있다. 제발 '공명이론'이 이 나라에서 시험되지 말기를, 신문을 시커멓게 만들 일이 없기를 빌어본다.

부끄러운 정치무력!

　인생의 궁극적 목표는 행복이다. 그러한 목표를 달성하는 길에서 자기가 살고 있는 국가가 행복한 삶의 터전이 되어 있는가는 매우 중요한 요소이다. 2023년 내가 살고 있는 대한민국은 행복한 삶을 보장해주는 나라인가는 생각해 볼 필요가 있다.
　행복의 조건 중 집단적 행복은 중요한 조건이 된다. 대한민국의 경제적 수준은 2020년 유엔개발위원회서 발표한 선진국범주에 들어 있는 것을 볼 때 세계적으로 인정받고 있음이 분명하다. 그런데 국민들이 액면 그대로 느끼고 있을까?
　유엔의 판단으로 대한민국은 경제 대국 가운데 10위이며 그리고 세계 선진경제협력국(OECD) 37개 국 가운데 35위로 정하고 있다. 대한민국은 지구상에서 유일한 분단국이다. 미국과 소련의 대리전으로 국토가 모두 잿더미가 되었고 동족끼리 총을 겨누며 전쟁을 했던 나라이다.
　그런 나라가 세계경제 대국 반열에 선 것은 대한민국 국민들의 천재적(?)두뇌 덕분이란 평가를 받아 마땅하다. 그러나 국민의 행복이란 기준에서 보면 한국민이 진정 행복한 국민이라고 단언하기는 어렵다. 행복이란 개념은 물질적 개념이 아니다.
　정신 개념이다. 예로부터 한국은 동방예의지국이라 예의 바르고 서로 도우며 사는 세계적으로 수준높은 민족이라 불려왔다. 그러나 그동안 참혹한 전쟁을 하며 동족끼리 살상하는 등 국민 정서가 많은 부분 피폐해져 있다.

그리고 5.16군사 혁명 이후 경제적으로 잘살아보자는 일념으로 경제성장에 경도되어 국가가 운영되어왔다. 덕분에 경제는 세계적수준이 되었으나 극악한 범죄가 다반사되고 국민들은 사사건건 광화문 광장에 모여 혁명이라도 할듯이 소란하다.

정치인들은 이런 집단행동을 이용하여 정권을 거머쥐고자 혈안이 된듯하다. 우리 민족의 성웅 이순신과 세종대왕의 거대동상 앞에서 온갖 무례와 무질서한 작태들을 저지르고 있다. 무력정치로는 국민들의 행복을 보장할 수 없다.

미래를 보는 상상력과 창의성만이 국민들을 살리는 길이다. 요즘 집회는 저질정치의 수단으로 변질되고 있다.

신비한 제주의 자연

트리플 크라운의 섬. 세계자연유산 세계생물권보호지역. 세계지질공원 제주 섬에 붙여진 세계적 대명사이다.

사람 아닌 말이 사는 곳. 조선시대 죄인 중 사형만을 피하여 유형 보내던 중죄인의 섬 제주도. 그렇게 버려지다시피 했던 땅. 아이러니하게도 그렇게 제대로 된 대접을 받지 못하였기에 이 시대가 추구하는 자연의 본래 모습이 많이 보존되어 있음을 세계적으로 인정 받게 된 것이다.

4·3유혈 사건 등 어두운 역사가 있긴 했었어도 궁극적으로 인간의 삶에 기초가 되는 자연을 지켜낸 것이다. 21세기 인류가 가장 필요로 하는 자연 환경이 큰 손상을 입지 않고 보전되어 지구상에서 가장 아름답고 생명과 평화를 보장하여주는 땅으로 남아있다.

인간에게 자연은 무엇이며 왜 필요하며 제주 섬은 어떤 섬인가 인류의 미래는 무엇으로 살아갈 것인가? 코로나19 같이 인류생명을 위협하는 바이러스는 인류에게 무엇인가? 우주가운데 단하나의 녹색별인 지구는 영원할 것인가? 지구상의 모든 물질의 상호간의 작용과 역할에 의하여 지구는 형성되었다. 그러므로 지구는 인간만 독점적으로 지배할 수 없다.

모든 존재하는 것들 지금 발견되었든 발견되지 않았든 그 조건들을 서로 위협하지 말고 위협받지 않아야 한다. 제주는 그런 조건이 필요로하는 생태적 조건과 간섭하지 않고 간섭받지 않은 상태를 잘 유지하는 보배로운 섬이다. 자연의 보편타당한 조건이 원생대로 보존된 섬이다.

유네스코는 인류가 살아남기에 최소한의 조건을 가진 지역을 부분적으로나마 찾아내어 이를 보존함으로써 인류의 미래를 보장하려고 노력하고 있다. 그러한 목적으로 세계 여러곳을 면밀히 탐색하던 중에 작은 섬 제주도를 발견한 것이다.

우리 제주인들도 제주가 가진 가치를 몰랐었다. 그러한 청정 섬이 아직도 대한민국에 남아있다는 것이 경이롭게 느껴진다. 대한민국이 진정 자랑할 수 있는 자원은 인공적인 과학이 아니라 모든 생명의 원천인 원시자연을 보존하여 그속에서 인간의 삶을 가치있게 구현할 수 있는 방법을 찾는 노력이 필요하다고 생각한다.

일본이 한국을 강탈한 동안 일본은 제주 전역에서 약초를 구하는 노력에 매진하기도 하고 한편으로는 신비의 약초를 제주에서 재배하기도 하였다. 코로나19의 치료를 위한 화학적 요법을 온 세계가 일년 동안 연구하고 있으나 아직 것 답을 찾지 못하고 있다. 답답한 마음으로 자연의 신비한 힘을 생각해본다.

정치인들의 품격

 올가을은 유난히 맑다. 하늘은 구름 한 점 없는 날이 많고 열매들은 지난여름 혹독한 폭풍우를 견뎌내니 더 알차고 풍요로워 가지마다 열매 무게로 머리 숙이고 있다. 하늘이 역병으로 몸져 누운 인간들을 위로라도 하는 것 같다. 하늘은 하나를 주면 하나를 거두어가는 형평성을 생명의 원리로 한다.
 이 나라 대한민국 국민의 안위를 한손에 잡고 있는 대통령 최 측근자가 전 국민의 뜻이 살아 숨 쉬는 민의의 전당 국회에서 국민들을 향해 살인자라고 소리친 것은 세계 정치사에 기록할만한 것이다. 이 사건은 이미 몇 일이 지나고 도하 언론에 본인이 '과한표현'이라고 해명하였다고 보도하였다. 그것으로 국민들은 없던 일로 잊어버릴 수 있을까? 안 그래도 지난 2월부터 사람들은 코로나19라는 역병의 습격에 심신이 지칠 대로 지치고 피폐해졌다.
 이런 어려움가운데서도 국민들은 치 떨리는 일제의 만행에서 해방된 기쁨을 기리는 광복절에 헌법에 보장된 집회를 하려 하였다. "대한민국은 국민들의 것이다"고 외치려 하였다. 국민들은 자기의사를 표현할 당연한 자유가 헌법으로 보장되고 있다. 그런 모임을 정부는 코로나역병을 이유로 자동차로 밀어냈다. 그 일을 두고 전 국민들에게 중개되는 청와대국정감사장에서 광복절에 모인 국민들을 '살인자'라고 청와대 비서실장이 삿대질을 하는 모습이 전국에 중개되었다. 당사자는 모임주동자를 지칭하였다 하고 '지나친 표현 이었다'고 정정하였다.

그러나 국민들은 이 광경을 보며 어떤 생각을 하였을까? 말에는 품격이 있어야한다. 품격은 말하는 사람의 인격이다. 그리고 더 나아가 그 사람의 하는 일 소속된 단체의 속내가 대변된다. 말 한마디가 평소 가지고 있는 생각을 표현하는 것이다. 그렇다면 누구를 살인자로 보는 것일까? 한국국민들은 현명하고 지혜로운 백성들이다. 세계역사상 유래 없는 조선 500년 역사를 이어온 백성들이다. 이에는 수많은 현인들이 백성을 인도하며 살아왔고 현명한 백성들은 이에 따랐다.

1958년 당시 한국의 사상가 함석헌선생이 자유당의 폭정에 맞서 한국의 대표적인 잡지 《사상계》(1958년8월호)에 '생각하는 백성이라야 산다'는 제목으로 이승만 정권을 맹렬히 비판하였다. 그 이후 60년 4월19일 학생들의 419혁명이 일어나자 이승만은 하야하였다. 이승만은 한 달 만인 5월 20일 하와이로 망명길에 오르자 국민들은 조용히 길에 나와 태극기 흔들며 보냈다. 그런 국민들을 향해 살인자 누명을 씌우려하였다. 정치인의 말은 품격이 최우선이다.

제3부

자연의 선물. 봄이다.

2024년이 시작되었다. 2023년부터 시작된 올겨울은 유난히 추웠다. 서울 거리가 두껍고 시커먼 패딩 기둥으로 하늘을 받쳐 세운듯하였다. 영하 10도의 날씨가 서울 거리를 검은 기둥 패션으로 바꾼 것이다. 그럼에도 벽에 걸어놓은 달력은 이제 2월에 발을 디뎠다. 봄 전령이 상륙한 것이다.

봄은 추위에 움추린 만물에 생기를 주어 사랑의 노래, 사랑의 춤을 추게 하는 것이 자연의 원리이다. 얼마 전 어느 신문에서 매우 우울한 소식을 접했다. 마을마다 있던 유치원이 없어지고 그 자리에 장례식장이 들어서고 있다는 것이었다. 내가 살고 있는 이촌동집 옆 골목에 역사 깊은 유치원이 있다. 이제는 당당한 사업가가 된 손주의 고사리 손잡고 데려가 선생님에게 손을 넘겨주던 유치원이다.

아침이면 어머니들이 아이들의 손을 잡고 들어가 선생님에게 데리고 온 아이들의 손을 넘겨주었다. 아름답고 사람 냄새가 물씬 나는 정경이었다. 그런데 요즘 그런 풍경이 안 보인다. 주말이면 유치원 가까이에 있는 천주교회에 드나드는 어른 신도들만 보인다.

이는 교회 나름대로 어른과 어린이들을 구분하여 예배에 참여하도록 하는 현상에서 올 수도 있다. 그러나 정부통계로 우리나라 총인구수는 5,163만 명인데 해마다 인구가 줄어들고 있는 현상이 뚜렷하다고 발표하였다. 더욱 염려되는 것은 어린이의 수가 현저히 줄어들고 있는 현상이다.

예전엔 젊은 엄마가 예쁜 유모차에 아기 태우고 가는 모습을 자주 볼 수 있었지만 이제는 보기 어려운 풍경이 되고 있다. 물론 사회구조의 변화로 나타나는 현상이기도 하지만 젊은이들이 출산을 기피하고 자유분방한 자기들만이 생활에 몰두하는 자기중심적 생활현상이다. 이제 봄의 문턱이다. 봄은 들과 산에 흐트러진 풀 포기와 개미 한 마리도 자신의 영원한 생명을 보존하기 위한 노력을 하는 계절이다.

벌들이 풀포기의 메신저가 되어 꿀을 받아먹고 식물의 결혼을 성사시키는 위대한 생태의 계절이다. 들에 핀 이름 모를 어떤 꽃이라도 안을 자세히 들여다보면 벌들이 꽃송이 안방에 들어가 꽃의 신방을 차려주려고 윙윙 결혼 행진곡을 부르고 있음을 본다. 이 봄의 현상은 모든 생물의 원초적 행위이다. 지난겨울 우리를 점령했던 혹독한 추위가 지나가고 있다. 이제 봄의 문턱이다. 인간도 지구 생명의 하나일 뿐이다. 삶의 원칙은 모양만 다르고 삶의 원리는 하나이다.

자연은 모든 생명을 보존시키기 위한 준비를 하고 있다. 인간도 생태도 개인들의 삶과 국가라는 규모가 다를 뿐 봄의 희망은 같다. 지구의 어떤곳 어떤학자는 인구증가로 지구멸망론을 말하지만 산업에 필요한 절대인구가 부족하여 인구수입국가도 있다. 한국이 그런 나라이다. 우울한 겨울옷을 벗어 던지자.

富者의 資格

지금 대한민국은 재벌 수난시대다. 재벌이란 이유 때문에 정치적 조롱을 받고 부정 집단으로 여론이 몰리기도 한다. 더욱이 요즘은 자본주의를 배척 하는듯한 정치적 뉘앙스도 느껴진다. 재벌 사건이라면 모든 언론이 발 벗고 나선다. 기업이 국가산업의 주축이고 국민수입의 대부분으로 국민전체 생활의 기반이 되어 있으면서도 국민으로부터 냉대 받고 정치적 수난을 당하고 재벌총수들이 빠짐없이 정치 집단과 연관되어 사법적 수난을 받곤 하고 있다.

국가의 기반이 되고 있는 기업들이 왜 이런 수모를 받고 있는 것일까?

지난 5월 2일 경주보문단지에서 전국 문화원 연합회 세미나를 마치고 3일 경주시 교촌안길에 있는 국가 민속 문화재(제27호)인 경주 최 진사, 경주 최 부자 집을 탐방하였다.

이집은 신라 요석공주가 살던 집터에 崔彥璥최언경이 후원 1만여 평 집터 2천여 평에 99간 전통 한옥으로 지어 200년 된 집이다. 최 진사의 派始祖파시조 崔震立최진립은 병자호란때(전라도 수군절도사)전사 하여 나라로부터 공신 토지를 기반으로 부를 일으켰다. 최부자 가문은 400년 동안 9대 진사 12대 만석꾼 부자 집이다.

속말로 부자 3대 없다고 하나 28세손 崔俊최준(1884-1970)까지 400년 동안 이어졌다. 마지막 부자인 12대 최준이 독립운동 자금을 대어 일제의 험한 고문도 받았고 3만석을 벌금으로 내기도 하였다. 1947년 최준이 전 재산을 교육에 헌납키로 하여 대구문리과 대학을 세웠다. 1967년, 현재

명문 영남대학의 전신이다. 이 최 부자 집 400년은 세계최장 기록이다.

기록상 세계적으로 이탈리아 명문 메디치가는 15세기 피렌체공화국의 학문과 예술을 후원하여 르네상스 시대를 연 가문이고 교황 두명을 배출한 가문으로 피렌체 공화국의 실질적 통치가였다. 이 가문의 교훈인 '사람의 마음을 얻어야 천하를 얻는다'는 최 부자 집 가훈과 일맥상통한다. 이 가문이 368년을 지속하여 부를 지키고 살았다.

최 부자 집의 아름다운 400년은 최 부자 집 六訓육훈(여섯 가지 행동지침)이 만든 기적의 역사이다. 최 부자 집 대문 옆에 파란 바탕에 선명하게 쓰여진 〈육훈〉은 첫째, 과거를 보되 진사 이상 벼슬을 하지마라. 둘째, 만석 이상의 재산은 사회에 환원하라. 셋째, 흉년기에는 땅을 늘리지 말라. 넷째, 과객을 후하게 대하라. 다섯째, 주변 백리(100里) 안에 굶는 사람이 없도록 하라. 여섯째, 시집온 며느리들은 3년간 무명옷을 입어라.

이런 엄격한 가훈을 바탕으로 하여 일 년에 삼천석의 농사를 지으면 1천석은 자가 소비, 1천석은 지나는 사람들, 1천석은 주변 어려운 사람들에게 나누어 주었다. 진사이상 높은 벼슬을 하면 본의 아니게 백성을 괴롭힐 수 있으며 흉년이 되면 가난한 사람이 땅을 헐하게 팔게 될 것을 막고 며느리들의 옷차림에 대한 지침은 자칫 가난한 백성들과 위화감을 갖지 않게 한 것이다. 목마를 때 청량한 물을 마신 기분이었다. 요즘 대한항공이 갑질 논란으로 큰 파문을 일으키고 있다. 대한상공회의소 통계로 한국의 기업 평균수명은 32년이다. 한국의 기업들이 4백 년 전에 세운 최부자의 육훈 정신을 기업 정신으로 삼았다면 대한민국의 기업은 명실 공히 세계적 복지부국이 되고 복지기적을 이룩할 수 있었을 것이다.

최부자 집의 넓은 정원을 걸으면서 한국 통일을 이룩한 신라 고도 경주에 세계적 노블리스 오블리제의 부자가 있었으나 그 정신을 계승 못하고 있는 현실이 안타깝게만 생각되었다.

성공한다는 것

2019년 대한민국을 뜨겁게 달군 사건들이 많았지만 그 으뜸은 '조모'란 한사람 가족집단 사기 사건이었다. 이 사건은 아직도 계속되고 그 끝이 어디가 될지 국민들이 관심이 집중되고 있다. 하루 동안 쏟아져 나오는 뉴스가 많지만 국민들은 '조모'뉴스는 지겨워하면서도 채널을 돌리지 못하고 있다.

그 이유는 무엇일까? 지금까지 매우 성공한 가정이 허물어지는 과정을 적나라하게 보면서 자신을 돌아보는 이들도 있겠고 부조리는 언젠가 세상에 알려지고 공정한 사회가 될 것이라는 기대가 아닐까하는 생각이다. 모든 일이 성공으로 가는 길은 아주 어렵고 복잡하고 험난하기까지 한 과정이다.

쉽게 이루어지는 성공은 이 세상에 없다. 그럼에도 이번 '조모'가족이 사건은 한사람이 벌인 사건이 아니라 화려하고 국민들이 도저히 넘볼 수 없는 초강력 권력을 앞세운 온가족들이 집단으로 벌인 사건이어서 일반국민들은 물론 한창 사회에 희망을 걸고 진리를 배우는 청소년들에게 희망의 싹을 뭉개어 버릴 수 있는 절망을 안겨주었다. 국민들은 어안이 벙벙하여진 것이다.

중국의 철학자 '펑여우란'은 성공으로 가는 길 세 가지를 제시하였다. 첫째 타고난 재주가 있고, 둘째 스스로의 노력이 있으며, 셋째 주어진 命명이 있어야한다고 하였다. 특히 명은 사람들이 힘으로 어찌할 수없는 것이다. 이번 대한민국에서 일어난 이 사건은 겉으로 매우 성공적인 한 가정 전체 구성원들이 벌인 사기극이기에 대한민국의 추한 현주소를 온 세계에 알린 것이 되었다. 특히 요즘 한일관계가 일본인들이 혐한사상이 극도에 달하고 있어 한국의 조롱거리가 되고 있다는 수치심이 꽉 차 가슴이 답답해진다.

  중국 철학자가 말하는 성공의 길은 모든 인간사회가 바라는 필요조건이자 충분조건이다. 요즘 대한민국의 대표 층이라 할 수 있는 조모가족의 파렴치한 사기극은 성공하는 조건 세 가지 가운데 하나도 끼지 않았는데도 성공한 귀족적 행태가 가능하였다는 현실이 성실한 국민들의 하나 남은 자존심까지 후벼내고 만 것이다. 결코 성공할 수 없는 사람들이 성공할 수 있는 대한민국사회가 된 것이다. 대통령이 나서서 청정사회를 만들자고 외치고 있다.

  이번사건은 이런 파렴치한 일들이 일어나지 못하도록 하는 권력 핵심 안에서 싹튼 사건이다. 태풍이 땅위와 바다의 모든 불순물들을 깨끗이 청소하였으면 하는 기대이다. 그런데 태풍이 오기 전에 태풍의 눈이 소멸될 것 같다.

동종교배의 계절

우리들 사회에 유유상종이란 단어는 일상 듣는 말 중의 하나다. 닮은 사람들끼리 모인다는 상식적인 말이다. 또 이 말은 인간의 본성이기도 하다. 생각이나 행동이 비슷하면 대화하기가 쉬워지고 서로 갈등이 없어지거나 최소화 하기 때문이다.

지금은 가을이다. 가을이 아름다운 건 각양각색의 다른 나무들이 나무마다 특징적인 고유 색채를 가지고 있기 때문이다. 만약 가을의 들이 붉은 단풍이나 노란 은행나무 같이 한 가지 색만으로 채워진다면 아름답기는 커녕 정신 착란 증상이 일어 날 수 있다. 엄격히 말하면 인간도 이들 자연생물중의 한종일 따름이다.

유유상종을 생물학적인 단어로 하면 동종교배이다. 같은 혈통끼리만 교합한다는 생물적인 말이다. 인간은 다른 생물과 달리 사유의 동물이다. 우리나라도 수년전까지 유전자가 같은 근친결혼을 금지하여왔다. 그런데 최근에 생물적 현상이 사회현상으로 집단화 되어 가고 있다.

북한이 지구상에서 유일하게 유유상종, 동종교배를 기본으로 하는 체제이다. 우리와 비교하여보면 극명하지 않은가? 1945년 일제에서 벗어나 같이 태어나 같은 세계, 환경 속에서 살아 왔는데 대한민국은 세계10대 경제 대국과 복지가 가장 잘된 낙원같은 나라가 되어있다. 반면 북한은 아직도 유엔에서 인권이 거론되고 최빈국 대열에서 벗어나지 못하고 있다. 사회적 정치적 유유상종 폐해의 대표적 현상이다.

사회적 유유상종, 생물적 동종교배에 관한 폐단은 생물학적 인문학적으로 확연히 증명되고 있다. 찰스 다윈은 진화가 일어나기위한 조건의 첫째는 형질이 동일한 개체들 간에는 변화가 일어날 수 없고 변이를 가진 형질에만 적용된다고 하였다.

노자는 중국의 대 혼란기에 "세상은 모든 것이 반대편을 향해 열려있고 반대편과의 관계 속에서만 비로소 존재한다. 다른 것과 격리 구분되어 독립적으로 존재하는 사물이나 가치는 아무것도 없다."고 하였다. 철학자 김 용석교수는 "일정한 생명집단을 이루는 개체들이 모두 동일하다면 내부적 갈등은 없겠지만 다른 집단의 공격에 매우 취약하여 치명적이 될 수 있다. 다양성은 곧 생존의 조건이다."고 말하였다.

현재 우리나라의 정치 현실이 유유상종의 극치로 보인다. 집권당의 대표인 이 모씨는 "20년 집권해야 우리 색깔이 된다"는 공포적인 요지발언을 공공연히 하는 실정이다. 얼마 전 대한민국의 정의를 최종심판하는 대법관도 같은 색깔로 채워졌다고 언론들은 보도하였다. 요즘 국내 대다수의 신문은 블랙뉴스로 도배 되고 있다. 공자의 논어 爲政위정편에는 '爲政以德'(덕으로 정치를 하라)이라 하였다. 유유상종의 정치, 다양성의 정치. 우리 갈 길을 고민하는 가을이다.

세계를 아름답게 만드는 사람들

2018년 12월 27일은 서울이 체감 온도 영하 20도이고 최고 기온 영하 4도라고 방송하고 있다. 한국의 돌아가는 현실은 한여름 삼복더위라 할지라도 국민들이 오싹할 불안이 엄습하고 있는데 날씨마저 설상가상이다 싶어 마음이 뒤숭숭하다. 따뜻한 제주가 그리워진다.

TV를 무심코 켰다. 앞으로 닷새만 있으면 새해가 되고 그리고 연초인 2월에 손주와 둘이서 네덜란드에서 유학하고 있는 손주의 누이인 손녀를 만나 오스트리아와 스위스를 여행할 예정인데 마침 TV에서 유럽의 풍경이 나와서 집중하게 되었다.

오스트리아의 짤즈부르크, 멀리 만년설이 쌓인 산으로 둘러싸여있고 파란 자연 속에 빨간 지붕은 알프스의 자연을 더욱 아름답게 돋보이게 하였다. 감동스러운 것은 지붕 위 굴뚝 청소를 하고 있는 처녀와 그 아버지의 이야기다. 스물 다섯 살인 이 여인은 긴 밧줄을 팔에 둘둘 감아서 지붕꼭대기에 뚫린 굴뚝 구멍에 풀어넣고 깊이 내렸다가 걷어 올리는 방식으로 작업을 하였다.

줄 끝에는 둥글게 강철로 된 쇠줄로 둥글게 부채살 같이 만들고 그 밑에 작은 수박 크기의 쇠로 된 공이 달려 있어 무겁게 느껴졌다. 몇 개의 지붕 건너에서는 머리가 희끗한 아버지가 일하고 있었다. 그는 "이 굴뚝 청소를 조상부터 10대 째 가업으로 하고 있으며 앞으로도 그럴 예정이다"고 유쾌하게 자랑하고 있었다.

세계적 명문대학인 옥스퍼드 대학 법과를 나온 청년 굴뚝 청소부이야기가 생각났다. 그는 대영제국과 세계의 지도자라는 큰 꿈을 안고 법학 공부를 하였다. 그러던 어느 날 높은 곳에서 런던을 돌아보았다. 당시 런던은 엄청난 안개의 도시였는데 낭만적으로 보이는 그 안개가 실은 산업혁명 이후 공장에 마구 뿜어 나오는 매연이었던 것이다.

공장이 우후죽순 같이 불어나 런던주변은 굴뚝 정글이라고 할 정도였다. 이 청년은 법 공부보다 굴뚝에서 매연이 덜나오게 하여 런던시민의 건강을 지켜 주는 게 먼저라는 생각이 들어 굴뚝 청소일을 시작하였다는 이야기다.

'짤즈부르크', 이름만 들어도 아름답고 유쾌하다. 1969년 세계적으로 흥행한 영화 '사운드 오브 뮤직'! 세계인들의 사랑을 받았고 아직도 생생하게 기억하는 영화다. 설산을 배경으로 파란 초원에서 폰트랩 대령의 일곱 아이들과 마리아가 경쾌하게 노래하는 장면이 압권이다.

영하20도 서울의 매서운 추위소식을 듣다가 찰즈부르크의 아름다운 산과 초원을 보니 슬그머니 부러워졌다. 뉴스라고는 정치적으로 아귀다툼하고 반대하는 사람들은 형무소에 보내고 살인하는 것이 대부분이고. 아름다운 노래로 사랑받던 가수가 음주 운전으로 체포된 뉴스도 같은 화면 속에서 보여졌다. 혼돈의 대한민국!

바이러스 습격의 교훈

2020년 봄은 잔인하다. 눈에 안 보이는 바이러스에게 무차별적으로 습격을 당하고 있다. 사람이 바이러스로부터 습격을 당해 희생된 기록은 기원전 1500년 부터 찾아 볼 수 있다. 고대 인도에서 발병한 천연두가 기원전 1157년까지 계속되었으며 유명한 이집트의 파라오 람세스5세의 미라에서도 그 흔적이 발견 되었다.

로마제국에서도 아우렐리우스 황제를 포함 500만명이 사망하였고 영국의 여왕 메리2세, 프랑스의 루이 15세, 러시아의 표트르 2세도 천연두로 사망하였다는 기록이 있다. 1796년에 백신이 개발되었고 그러고도 184년 이나 흐른 뒤에 세계보건기구(WHO)는 천연두 완전소멸을 공식적으로 발표하였다.

바이러스로 인해 큰 피해를 입은 전례로는 스페인 독감도 유명하다. 우리 역사에는 무오년독감이라 하는 데 당시 조선인구 1670만 명중 740만명이 감염되고 14만 명이 희생되었다. 세계적으로는 16억명 인구 중 6억명이 감염되고 1억 명이 사망하였다. 이외에 14세기중엽 유럽에서 흑사병(페스트)으로 7500만 명이 희생되었다.

이같이 바이러스는 인류를 끊임없이 공격하고 있다. 지금세계를 강타하고 있는 신종 코로나 바이러스도 중국에서 발병되어 전 세계로 확산되었으며 아직 뚜렷한 대책을 못 세우고 공포에 떨고 있다. 인간은 그동안 각종 기계문명의 엄청난 발달로 우주를 정복할 야망을 키우고 있으나 지금 눈에 안 보이는 바이러스 균에 휘청거리고 있어서 풍전등화같이 느껴지는 요즘이다.

　세계적 명저인『총·균·쇠』『문명의 붕괴』등으로 퓰리처상을 받은 제레드 다이아몬드 박사는『현대문명을 지속할 수 있는가』라는 저서에서 인류 역사적 관점에서 인류가 직면할 문제로『신종 전염병의 확대』를 들었다. 그는 이러한 문제는 가난한 나라에서 발생하며 이들은 공중위생과 공공보건에 투자할 여력이 없어 이 감염병 등이 세계로 퍼져 나갈 수 있다고 예언하였다.

　마치 곧 우주도 정복할 듯이 호언장담하던 이 첨단 과학시대에 박테리아보다 작고 자체 증식도 못하며 공기보다는 무거운 고분자 균의 습격에 무너지고 있는 것이다. 산업혁명을 시작으로 인간의 호사스런 편의만을 위하여 인간외의 생물계를 무참하게 공격하고 파괴하여왔는데 이번 공포의 코로나 사태가 생태와 어떤 관련이 있는지는 밝혀 지지 않고 있다. 그러나 필연적으로 지구의 생태 파괴현상이 이러한 비극과 관련이 있을 것이란 생각은 정답일 수 있을 것 같다.

동작언덕에서

현충원은 유유히 소리 없이 흐르는 한강을 내려다보고 있다. 잠들어 있는 것이 아니라 안타까움과 분노 환희를 보고 있다. 대한민국의 심장이 시시각각 변하는 모습을 보고 있는 호국영령들이 누워있는 서울 현충원을 들어서서 겸허한 발걸음으로 걷다보면 온갖 생각이 떠오른다.

세계의 최빈국으로 전락할 뻔한 대한민국을 공산주의자들로부터 지켜준 역사의 중심에 한강이 있다. 그 한강은 지금은 37개의 거대한 다리로 연결되어 대한민국의 부를 만들었고 지금도 계속 이어가고 있다. 저 한강이 없었다면 오늘의 대한민국은 존재하지 않았을지도 모른다.

서울에 올 때마다 한강가를 걸으면서 이 생각을 한다. 그리고 현충원 고갯길을 한 시간여나 헐떡이며 걸어 올라가 맨 위 장소에 박정희, 육영수 두 분의 불멸의 유택을 찾아 올라간다. 그리곤 경건한 마음으로 고마움을 아뢰었다.

영등포 문래공원 머리에 세워져 있는 박정희 장군 작은 흉상에 머리 숙여 고마움을 말하고 장군이 없는 대한민국을 생각해본다. 그리고 장군의 눈에 넣어도 안 아파하던 귀여운 딸 근혜를 4년여 동안 형무소에 가두어 놓은 후배 대통령세력을 어떻게 보고 있을까.

이런 대한민국을 위하여 그토록 마음과 몸의 가난을 벗으려고 하였을까? 역사는 주인이 없다 한 것은 이런 것을 말함인가? 모두 역사의 주인공이 되고 역사의 심판을 받으며 세상이 만들어 지는 것인지도 모른다.

부모 형제가 피땀 흘려 저축하여 놓은 곡간을 불량한 아들과 동네 불한

당들이 몰려들어 굶은 이리떼같이 탈탈 털어먹으며 호의호식하는 현실을 보며 현충원에 영민하고 있는 영령들은 어떤 생각을 하고 있을까.

 이 현충원 영령들의 희생을 발판으로 하여 이루어진 한강의 기적은 대한민국을 극빈국에서 경제선진국으로 만들어놓았고 그 강변을 달리는 올림픽고속도로는 대한민국의 활기속도를 보는 것 같다. 시원시원히 자전거 페달을 밟아 강바람을 가르며 달리는 젊은이들의 모습을 보면 대한민국의 미래에 대한 희망이 느껴진다.

 동작대교와 한강대교 가운데 위치한 작은 인공섬 서래섬은 오래전 한강변을 정비하며 남은 흙을 쌓아 만든 섬이다. 이 섬은 한없이 평화롭다. 봄이면 샛노란 유채꽃이 피어 잔잔히 흐르는 오랜 강을 젊게 단장하고 가을엔 메밀꽃 하얗게 단장하여 서울시민들의 마음을 위로하고 있다. 아름다운 서울 마음까지 아름다웠으면 좋겠다. 아름다운 사람들이 사는 서울!

풀뿌리 민주주의

　요즘 서울에선 방에 앉아 있어도 숨이 꽉 꽉 막힐 듯하다. 전철이 질주하는 굉음도 더위에 한몫한다.
　서울의 달리는 소리고 대한민국의 달려온 소리이다. 철로와 아스팔트 위를 전차와 자동차가 질주하는 소리로 서울이 가득하다. 서울의 큰길가엔 수십 년 된 은행나무와 프라타나스 나무가 울창하지만 뜨거운 햇빛이 아스팔트 위에 마구 쏟아진다. 더위에 지친 가로수는 피곤한 군인들이 도열하여 있는 느낌뿐이다.
　수풀은 큰나무만으로 이루어지지 않는다. 제주도의 비자림을 보면 큰 나무들이 빼곡히 들어서 있기도 하지만 그 숲에 들어서면 온몸에 청량감이 확 몰려와 오히려 소름이 돋을 때도 있다. 비자림숲이 이렇게 청량한 것은 수백 종류의 풀들이 큰나무에 생기를 불어 넣어주고 있기 때문이다. 새롭게 자라고 있는 작은 나무는 물론이지만 오래된 고목도 여전한 생명력을 보여주면서 엉켜있다. 아무리 큰나무도 이름조차 모르는 풀포기들이 뿌리 위를 감싸 주지 않으면 생명을 유지할 수 없게 된다.
　작은 풀포기들이 감싸주지 않으면 비가 내리고 비바람이 몰아치면 큰 나무가 견디지 못한다. 또 큰나무가 없으면 작은 풀포기들은 모두 빗물에 할퀴어져 생명을 지켜내지 못한다. 인간이 사는 세상도 식물의 세상과 꼭 같다. 큰 인물은 큰나무다.
　숲을 이루어 아름다운 자연생태계 같은 사회를 만들어야 한다. 그런 사회만이 아름다운 자연과 같은 풍요로운 사회다. 덩치 큰 나무만 있어도,

이름조차 모르는 미물 잡초만 있어도 아름답고 풍요로운 자연은 이루어지지 않는다. 이러한 인간사회를 만들어가려고 하는 것이 지혜로운 인간들의 꿈이고 그런 사회를 지향하며 노력하고 있다. 자연은 모든 생명이 같이 사는 지혜를 스스로 생태적 원리를 찾아 유지하고 있다. 그러나 인간들은 풀포기같은 삶의 원리를 찾지 못해 허둥대고 있다.

인간의 욕심이 풀포기 같은 삶의 원리를 터득하지 못하고 있다. 지구라는 세상은 고대의 원생 인류와 눈에 안 보일듯한 미생의 풀포기까지 모세혈관으로 연결되어있다. 인류가 아무리 강해도 풀포기 없이는 생존하지 못한다는 원리를 생각하는 지혜가 어느 때보다 절실한 인류 시대이다.

우리 대한민국 황야에도 큰 나무를 옮겨 세워졌다. 이 나무의 생존 여부는 미생한 풀뿌리들의 몫이기도 하다. 풀뿌리 민주주의라 하지 않은가?

唯心所作 유심소작

유심소작, 이 말은 세상의 모든 일이 마음가짐에 달렸다는 한자어이다. 불교에서는 心卽佛심즉불이라한다 마음이 곧 부처라는 말이다.

사람들은 부처님이나 예수님 앞에 엎드려 소망을 간절하게 빈다. 부처님이 내 소망을 받아들여 내가 바라는 대로 이루어지도록 하여주십시오 라고 기도한다. 모든 일이 하늘의 뜻이고 부처의 뜻일까?

아침마다 집을 나서면 큰 길가와 전선에 비둘기 수십마리가 떼지어 모이를 주워 먹다가 인기척이나 자동차소리에 놀라 푸드득 푸드득 하늘로 날아 오르는 모습을 본다. 마치 기원을 품고 하늘로 오르는 듯 보인다. 또 길건너엔 교회 십자가가 높게 서 있다. 저 십자가를 거쳐 사람들의 기도가 하나님께 전달되고 예수님의 답을 듣고 있는 것처럼 보이기도 한다.

이렇게 하나님과 부처님께 호소하는 것은 마음이다. 사람의 온 생명을 지키는 것은 마음이다. 하나님과의 대화도, 부처님과의 대화도 마음이 하는 것이다. 마음이 곧 사람이다.

마음이 어지러우면 사람주위가 온통 어지러워진다. 사람이 사는 집이나 사회생활을 보면 그 사람의 마음의 상태를 볼 수 있다. 마음이 잘 정돈된 사람을 인격자라 한다. 사회질서는 그 사회를 구성하는 사람들이 집단으로 사는 사회이다. 때문에 그 사회를 구성하고 있는 사람들의 마음이 잘 정돈된 사회를 문명사회라 하고 정돈되지 않은 사회를 야만사회라 한다.

미국의 저명한 철학자이자 교육학자 심리학자인 존 듀이(1859-1952)는 '문명은 곧 整頓정돈이라하였다' 문명사회는 깨끗이 정돈된 사회이고 야만

사회는 어지럽고 정돈 안된 사회라고 하였다. 도산 안창호 선생은 어디를 가나 거처 주위를 깨끗이 정돈하는것으로 유명하였다.

인도의 '간디'도 청소 잘하기로 유명하였는데 인도 국민회의에 참석하였을 때 먼저 스스로 화장실부터 청소한 것으로 유명하다. 이처럼 사회구성원들의 마음가짐이 깨끗한 사회를 만든다. 사회구성원들이 마음이 게으름과 거짓, 탐욕의 잡초가 무성하다면 그 사회는 오물로 꽉 찬 우물이 된다. 그래서 사회가 죽어간다. 그 사회는 어떠한 것도 살 수 없는 황폐지가 된다.

깨끗한 샘물로 꽉 찬 사회를 만들려면 샘 안에 차 있는 오물을 걷어내야 한다. 오물에 따라서 어떤 방법으로 걷어 내느냐는 문제는 사회적 합의와 용단이 필요하다. 마음이 사회를 만들고 마음은 교육과 종교를 통하여 정돈된다.

정치 멘붕 시대

요즘은 사회 일반적 생각이 혼란을 겪고 있다. 정치에 대한 멘탈리스트가 반전을 거듭하고 있다. 물론 이런 상태를 가장 정상적인 상태로 보는 시각도 있겠지만, 우리는 역사적으로 쇄국주의 봉건 사회로 세계와 문을 걸어 잠그고 당파싸움에 여념이 없다가 '일본 야욕'의 칼날에 굴복한 정치적인 격량을 겪은 바가 있다.

세계 2차 대전에서 1945년 일본이 패망한 덕택에 우리 국권을 되찾았다. 대한민국을 둘로 나누어 이북은 소련이 공산주의로 이남은 미국이 주도하는 자본주의 경제 민주주의로 나누어 유지되고 있다. 광복 70여 년 동안 남한은 세계가 부러워하는 자본주의 경제 대국으로 성장하였다. 그러나 정치적으로 광복 직후인 1950년 북한이 동족을 침공하여 세계가 모여들어 지킨 한국전쟁, 4·19민주화혁명, 5·16 군사 혁명, 5·18 광주사태, 촛불시위로 대통령을 하야시키는 등 국가적 비운을 겪은 나라, 세계 역사상 유례없는 대통령 해외추방, 대통령 암살, 대통령 자살, 네 명의 전임 대통령 구속 또한 세계가 대한민국을 정치적으로 혼란의 극치인 나라로 낙인하는 단초를 제공한 나라이다. 그럼에도 경제적으론 괄목할만 발전을 이룬 신기한 나라이다. 대한민국을 경제대국으로 이끈 삼성의 이건희 회장은 대한민국을 "경제는 일류, 정치는 이류"라고 하였다. 요즘은 '핵核'으로 세계를 위협하던 북한이 세계평화를 외치며 주적인 미국과 담판하는 나라가 되었다. 드라마틱한 영화를 보는듯한 대한민국이다. 2500년 전 중국철학자 노자는 최악의 통치단계는 '백성들이 통치자를 비웃는 단계'(도덕경 17장)이고 최고의 통치단계는 '통치자가 반드시 자기 뜻대로 하려하지 않는 것'(도덕경2장)이라고 하였다. 통치의 주도권이 통치자에 있지 않고 백성들에 있어야 최고의 통치가 가능하다는 것이다. 우리는 지금 어떤 통치단계에 있는가? 어느 현자는 '가장 지혜로운 통치는 네모난 그릇에 담겨있는 물을 둥근 그릇으로 퍼내는 것이다'고하였다. 그릇을 하얗게 말려선 안 된다.

요즘 사회 현상은 통치권의 강압적 의욕으로 새로운 사회를 만든다고 물동이를 엎어 버리려 하고 있다. 전통적 멘탈이 살아 있어야 한 국가 한 민족의 정체성이 확보되고 그 바탕위에서 미래를 설계하고 역사를 이어 나갈 수 있을것이 아닌가?

정치 평형수

　대해도 아닌 작은 바다에서 사람을 잔뜩 실은 거대한 여객선이 뒤집혀 수 백 명이 희생되고 여객선은 파산했다. 아직 끝나지 않은 세월호 사건이다. 사고 원인은 아직도 선명히 밝혀지지 않았다. 당시 전문가라는 사람들이 여러 가지 원인을 규명하는 과정에서 우리에게 생소한 '배의 平衡水평형수'라는 단어가 주목받았다.

　평형수는 선박이 운항할 때 파도에 견딜 수 있게 배밑 창에 일정량의 물을 채워놓아 배의 균형을 유지시켜 주는 역할을 한다. 배의 기울기에 따라 물은 좌우로 적당량을 조절하여 배의 균형을 유지하여 뒤집히는 사고를 막는 인간의 지혜이고 기술이다. 망망대해에서 운항할 때 평형수를 넣고 빼는 것은 선장의 판단과 명령으로 만 이루어진다. 파렴치한 선장은 화물을 많이 실으려고 평형수를 뺀다.

　파도가 닥치면 배가 기울기 마련인데 평형수가 부족하여 기운 배가 평형으로 돌아오지 못하면 배는 전복되고 인명과 재산 손실을 가져온다. 세월호도 화물을 많이 실으려고 평형수를 빼냈기 때문에 평형수부족으로 배가 기울자 원상복원이 안 돼 큰사고가 되었다고 하였다.

　1970년 12월 15일에도 서귀포서 부산으로 귤을 갑판위에 과적하였다가 여수 상백도 앞바다에서 선복 되어 324명의 죽은 대형 참사를 냈다. 당시 평형수 논란은 없었지만 선장의 과욕으로 일어난 대참사라고 하였다.

　서울의 광화문거리 작은 카페에 앉아 거리를 보면 대한민국의 큰 바다가 한눈에 들어온다. 촛불도 태극기도 광화문파도이며 심지어 멀리 제주도의 4.3 사건 파도도 있었다. 대한민국 정부라는 큰 배를 광화문이란 대해에 일어난 파도가 삼키기도 하였다.

 태평양 북쪽 끝자락 바다는 태풍경보 발령중이고 거친 파도가 일렁이고 있다. 이 바다에 대한민국호가 운항중이다. 배 화물칸은 텅 비어 있고 갑판위에만 사람들과 화물이 가득 몰려있다. 카페에 앉아 오늘도 시위하는 군중으로 가득한 광화문거리를 보며 비극의 세월호 생각에 잠겼다. 이날도 전국 개업 의사들이 문재인 케어 정책에 항의하여 파란 깃발들을 들고 광화문바다에 큰 파도처럼 일렁이고 있었다.

 찾아온 환자들을 버린 채 정부의 의료 정책이 잘 못되었다며 의사들은 의사들 대로 생사의 기로에 서 있다고 하고 정부는 정부대로 한국의 의료복지를 향상시키는 길이라고 하고 있었다. 이런 사회적 불평이란 큰 파도가 한국 호를 기울어 지게하고 있다. 언론, 사법, 산업, 노동, 사회, 경제학계 등 이 나라의 중진 지성인들이 국가의 평형수 역할을 하여야 하는데 평형수가 보이질 않는다. 아니 평형수를 다 배 밖으로 다 내보내고 있다. 위험하다.

뜨거운 서울

서울에는 뜨거운 날에도 뜨거운 무리들이 '윤석열 타도하자'고 외쳐대고 있다. 한국은 예로부터 조용한 아침의 나라이다. 한국인들은 흰 옷을 즐겨 입고 예의바른 말과 행동으로 살아온 백성이다. 1910년 8월 29일 일본에 병합되어 대한민국이 없어지면서 한국사람들은 일본과의 싸움이 시작되었다. 하얀 옷에 붉은 피를 묻히며 살아야 하는 세대가 되었고 강대국의 세력勢力 싸움에 몰려 동족끼리 피를 흘리는 민족으로 둔갑하였다.

2023년 현재는 세계적으로 기후를 걱정하여 하늘의 뜬 구름 모양을 보고 인류의 미래를 걱정하고 있으며 달에, 별에 인류의 새세상을 만든다는 꿈을 꾸고 있는 이 여름에도 특정 세력에 동원된 국민들의 일손을 빼앗아 서울로 불러 올려 정치놀음을 하고 있다. 한국의 현대사는 동족끼리 이간질과 뒤범벅이 되어 싸우는 세월이다.

며칠 후면 북쪽 정치세력이 남한 대한민국을 무력으로 빼앗으려 한 한국전쟁이 일어난 날이 된다. 민주주의를 대표하는 미국과 공산주의를 대변하는 소련이 한국사람을 대리인으로 내세워 많은 인명을 희생시킨, 세계 역사상 그 유래를 찾을 수 없는 전쟁놀음을 하였다. 1950년 6.25를 생각하면 소름이 끼친다. 젊은이들은 형제끼리 총질로 목숨을 잃었고 생명의 기반이던 재산이 송두리째 불태워짐을 당하기도 했다. 민주주의 남한을 모조리 불태우며 밀려온 공산군은 부산 한 귀퉁이와 제주만 남기고 남한 지역 거의를 점령하였다.

제주에도 미리 빨치산을 한라산에 밀입시켜 국민의 생명과 재산을 지키는 경찰서 21개 소를 불태웠다. 미국 대형 화물선에 대한민국 국민들을 싣고와 제주에 쏟아놓고 제주의 청년들을 그 배에 싣고 가서 싸움터에 내보냈다. 남으로 내려온 피난민들에게 제주도 사람들은 고구마를 삶아 따뜻하게 손에 쥐어 주고, 가족이 몇이든 방 하나에 자신들의 가족들 모두 기거하며 나머지는 모두 피난민들에게 제공하였다. 너, 나 할것없이 살던 방을 내준 제주 사람들은 작은 방에서 몇년을 새우잠으로 지냈다. 그렇게 세상이 끝나는듯한 순간이었다.

  그런 대한민국이 오늘 세계 경제 10대국이 되었다. 우리를 없애려던 북한은 오히려 굶주림으로 허덕이고 있다고 세계에 널리 알려졌다. 그런데도 요즘 젊은이들은 한국전쟁을 모른다는 사람이 대부분이라고 하는 어느 여론조사를 보았다. 출생의 이력을 모르고 현재에만 매몰되어 하늘을 못보는 젊은이들이 많다는 이야기이고 현실이다. 이런 세대들의 역사관, 거기에 불과 50년의 역사를 가르치지 않은 교육, 정치 현실을 어떻게 해석할 것인가. 오늘 우리 민주주의 상징인 국회의 몰골은 국민들을 분노케 하고 있다. 어느 정권 시대에 국민대다수는 투표 도장을 찍은 손가락을 돌로 찍고 싶다고 푸념하던 모습이 생각난다. 2023년 6.25가 곧 다가온다.

어수선한 한국

사회가 어수선하다. 우선 온 세계 사람들이 느끼는 기상이다. 불같은 더위, 땅을 몽땅 쓸어갈듯한 홍수, 지구 위의 나무를 몽땅 태울듯한 산불, 포악한 사냥꾼들이 동물사냥 하듯 백주 도시 한복판에서 사람을 죽이는 무자비, 세상이 어수선하다.

언제 뒤에서 공격해 올 것 같은 불안함, 자주 뒤를 돌아보게하는 불안한 심리상태의 만연. 이런 사회불안 현상이 무엇인가를 분석한 전문가도 없다. 우리사회는 요즘 사회의 잘못을 지적하면 바로 보복하고, 보복 당하는 사회이고 보니 이런 현상을 지적 할수도 없다.

이런 사회 불안 심리 현상의 원인이 무엇인지 아무도 이야길 안 한다. 못하고 있다. 어느 한 가지로 지목할 수 없을 것 같기는 하다. 이 중에서 가장 속속들이 보이는 것은 정치 현상이다. 수백 개의 크고 작은 매체들이 그들 생각대로 모든 사회 문제를 비판하고 있기 때문이다. 그렇다고 민주주의 기본인 언론의 자유를 억압할 수는 없다.

민주주의 국가에서 언론은 사회의 지침이다. 모든 국민들은 눈 만 뜨면 많은 언론 매체와 마주친다. 그 속에서 사회의 흐름을 알고 느낀다. 이러한 민주주의제도가 사람들을 행복하고 질서 있게 사는 것을 기본법으로 하고 있다. 세계적 정치 철학자인 마이클 센델(하버드대 교수)은 그의 유명한 저서 『정의란 무엇인가?』와 강의에서 '공동선의 정치'를 주장하였다. 그의 주장은 '시민의식 회복과 봉사'를 첫 번 과제로 하고 있다.

그는 '정의로운 사회는 강한 공동체 의식이 필요하다'고 주장하고 '공적인 삶에서 시민의 미덕을 키울 길을 찾아야한다'고 하였다. 우리나라의 경우 국민을 대신하여 국회가 국가와 국민의 삶을 기획하고 실천하는 그 기능을 하고 있다. 국민들은 국회의 올바른 활약을 기대하며 피나는 혈세를 내고 있다. 그런데 그 기관과 국민대리인들은 대부분 자기 정파의 정략적 이익에 매몰되고 국민들로 부터 위임받은 일은 외면하고 있다.

지금의 사회적 불안을 잠재울 사람들이 바로 그 대리인들이다. 그런데 그 대리인 역할이 국민들의 성에 차지않는다. 우리나라 초대 국회는 1948년 5월3일 개원되었다. 75년의 역사를 가지고 있다. 22대 국회가 2024년 선출 구성된다. 우리가 혈세를 들여 내일을 대신하여줄 대리인을 정신 차리고 선출하여야 한다.

국민들은 나의 모든 권력을 위임하고 잘하겠거니 믿어왔었다. 하지만 대다수의 국회의원들은 막상 뽑히고 나면 딴전을 펴기 일쑤였다. 그런 병폐를 최소한으로 줄이기 위해 국민들이 정신 차려 할 때 다.

생명을 쥔 집도의사의 책임

열흘 동안 50미터 높이의 병실에서 먼 바다만 바라보며 멍한 자세로 앉아 있다. 서울에서 비행기를 타고 제주로 올 때 "이제 비행기가 제주에 착륙 합니다"고 예쁜 승무원의 목소리가 들려 내려다보면 보이는 뾰죽한 冠脫島관탈섬이 수평선에 아련히 떠있는 것을 보면서. 세상살이가 우연의 연속선이라 생각했었다. 하지만 멀쩡한 나를 병원 침대에 눕혀 병실로 옮겨다 놓은 것은 어떤 연속성인지 이해가 안 간다.

지난 29일 정기적인 건강 검진을 하기 위해 이 종합병원을 찾았다. 처음 와보는 병원이지만 다른 종합병원은 예약하기가 힘들어 외형 여유있는 종합병원을 찾은 것이다. 서울의 막내 아들이 아버지를 위해 비싼 요금을 내고 정성 들여 마련한 건강검진이었다. 3년 전 아내를 먼저 보낸 뒤 혼자 있는 나를 두고 자식들이 매일 신경을 쓰고 있다. 그래서 3월 26일, 20여 항목의 정밀 검진을 하고 29일은 위와 대장 내시경 검사 일정이었다. 28일 오후 2시부터 금식하고 물만을 마시며 장속에 있는 불순물을 一瀉千里일사천리로 다 쏟아 냈다. 적폐청산하는 것 같이.

여기까진 별문제 없었다. 한 시간쯤 뒤 배가 불러 오르고 통증이 활화산같이 치솟아 올랐다. 밤중에 응급실로 직행하였고 그길로 병실로 운반된 것이다. 밝혀진 이유는 한마디로 대장에 구멍이 뚫린 것이었다. 의사가 시술을 잘못하여 멀쩡한 장에 구멍을 내어 호흡이 멈출 것 같은 고통을 안겨주고 있다. 이런 행위로 인해 병원은 이중으로 돈을 벌고 있는 것이 아닌가 하는 생각이 들었다. 환자에게 미안해 하는 것 같아 보이지도 않았다. 의료에 문외한들이니 논리 있는 항변을 하지 못하는 것이라 생각하고 있는 것 같다. 자식둘이 의사인 나는 의사의 실수를 항변할 용기가 안났다.

4월 4일 저녁 7시경 강원 고성에서의 산불 소식으로 TV 화면이 온통 붉은색으로 꽉 차기 시작하였다. 방송은 전국의 소방차가 온다는 소리와 소방관들이 화재를 진압하려고 사투하는 모습만 보였다. 다음날 0시 27분에야 서울에서 회의를 여는 호들갑. 재난방송인 국영방송은 얼른 붉은 화면을 몇초 보여주곤 코메디언 이모의 방송으로 돌아가는 것을 병원침대 위에서 보았다.

어느 시사 전문가가 분석한 한국의 실상이 붉은 화염위에 하얗게 보인다. 벽에 부닥친 발전, 근로의욕 상실, 이념 혼란, 성 혼란, 부정부패, 인구감소, 수술하는 집도의사의 손놀림 하나하나가 사람의 생명을 송두리채 없애거나 그로 인해 불구가 되거나 오랫동안 고통과 불행의 씨앗을 심을 수 있다는 것을 실감 하였다.

이를 어떤 우연이라 할 것인가.

모처럼 감동과 즐거운 두 소식

아침 잠에서 깨어 시계를 보고 5시가 넘었으면 반사적으로 신문을 가지러 문간으로 나간다. 그뿐 아니라 TV앞에 앉으면 자동적으로 리모컨에 손이 가서 뉴스 채널을 찾는다. 이것은 나의 오랜 기자 생활에서 비롯된 것이긴 하지만 다른 사람들도 큰 차이가 없는 것 같다.

사회 변화속도가 워낙 빠르고 예상치 못한 사건이 사람들을 놀라게 하는 세상이니 그렇다. 사람들은 만나면 으레 시국 돌아가는 이야기와 끔찍한 사건 이야기가 화제의 중심이 되기 때문이기도 하다. 그런데 1월초 근래 보기 못한 진기한 기사가 두 신문에 보도 되었다. 서울서 발행하는 H신문 1면에 머리기사로 태극기를 든 사람들이 광화문광장에 모여 있는 사진과 특집기사가 실렸다.

다른 한 면에는 그동안 태극기 집회가 진행되어온 상황을 특집으로 꾸며 한 면 전체를 채웠다. 광화문 태극기 집회는 현 정권이 탄생원인 촛불시위와는 반대로 박근혜 정권을 옹호하는 국민들이 하는 모임이다. 2년여 계속되고 있지만 광화문 현장을 가보지않은 사람은 태극기 집회가 있는 사실조차 모른다. 모든 신문 방송이 현 정부에 반하는 정치적 기사를 쓰는 것이 터부시 되어 국민에게 알릴 책임을 포기(?) 한 꼴이 되었다.

또 하나는 7일자 조간 J일보는 1면 머리기사로 47세의 젊은 정신과 의사의 죽음과 가족들의 이야기를 '임세원의 희생, 유가족의 품격'이란 단어를 제목으로 실었다.

정신질환 환자의 난동 습격으로 목숨이 경각에 이르면서도 다른 직원들을 대피시키고 자신은 목숨을 잃은 이야기도 짠하지만 장례식장에서는 알게 모르게 의인의 죽음을 애도하고 조문한 이들의 조의금을 유가족이 반은 병원 의료진 안전에 반은 자살예방과 우울증 개선사업에 써달라고 전액 기부한 이야기를 읽은 사람들은 감동으로 눈물을 흘렸다.

근래에 보지 못한 이 두 기사를 접하면서 언론인으로서 여러 가지생각을 하게 하였다. 대부분의 언론 기사는 아름다운 이야기 보다 사람들을 놀라게 하는 자극적인 사건기사로 매우는 현실이다. 그럼에도 두 신문이 보여준 용기 있고 아름다운기사로 이 기사를 읽는 순간 폭염 속 청량한 가을바람같이 온몸과 마음을 즐겁게 하여주었다.

쌈꾼 정치인들만 먹고 사는 언론들이 사회구석 구석에서 아름답게 사는 사람들의 이야기를 널리 알려 선한 사회로 가는 이정표를 알려 주기를 바라는 마음 간절하다. 중국 고사에 愚公移山우공이산이란 말이 있다. '어리석은 영감이 산을 옮긴 다'는 말로 쉬지 않고 한 가지 일을 열심히 하면 큰 일을 이룰 수 있다'말이다.

침묵의 도시. 사랑의 도시

이른 아침 내가 사는 이촌동 큰 길가의 버스 정류장까지 약 3백여 미터 길은 플라타너스나무가 가로수로 심겨져 있어 공기를 청량하게 하여 서울을 풍성한 도시로 느끼게 한다.

다른 지역은 모든 가로수가 침엽수여서 겨울에 햇빛이 들지않은 침침한 거리를 연출하고 있다. 봄이 되어도 새들이 노래하지 않은 '레이첼 카슨'의 침묵의 봄을 연상케 한다. 큰길엔 긴장한 듯 달려오는 승용차들이 속도를 내며 질주하고 있다. 시내버스는 각 방향으로 가는 표시 번호판을 달고 작은 비가림 판 아래의 정류소에 쉼 없이 서고 떠나고를 반복하고 있다.

시간에 쫓기며 잠에서 막 깬 듯한 얼굴을 한 소녀들이 학교로 가는 버스가 오면 서둘러 버스에 오른다. 젊은 여인들은 버스에 올라 자리에 앉자마자 화장부터 하기에 여념이 없다. 동네 사람들이 타는 버스인데도 인사는 커녕 눈길을 주는 사람도 없다. 삭막한 풍경이다

젊은 직장 초년생 같은 예쁘고 어린 숙녀들이 종종걸음으로 다가와 버스에 서둘러 타곤 자리에 잠깐 긴장한 모습으로 앉았다 내린다. 모두 추리소설에 나오는 긴장한 도시풍경이다. 세계 10대 경제 대국의 행복이나 사랑 따위 여유로움은 안 보인다. 사람들의 얼굴엔 긴장감만 느껴진다.

우리와 생활습관과 경제 수준이 크게 다르지 않은 미국이나 일본사람들은 아침엔 알거나 모르거나 간에 보는 사람마다 '굿 모닝!' '오하요!'라며 아침 인사를 습관적으로 한다. 사람의 온정을 느끼게 하는 아침 풍경이

다. 한국의 도시 서울에선 먼저 인사를 하면 놀라 의아한 표정으로 돌아본다.

　가벼운 마음으로 나선 강변 산책길에서도 길만 보며 걸어간다. 아름다운 강물이 도도히 흘러가는 모습을 보고 강물 위에 앉아 여유롭게 쉬고 있는 물새들, 아침 여유를 즐기기 위해 산책길에 나선 사람들, 마주 보며 사랑과 행복의 여유를 보낼 수 있어야 한다. 대한민국의 수도 서울 큰길이 날마다 붉은 머리띠로 출렁이면 선량한 사람들을 불안과 초조에 휩싸여 불안케 한다. 누구를 위해 사는 사람들인가? 살벌한 도시풍경이다. 철학자 안병욱 선생은 사람이 살아가는 데 가장 중요한 것은 (사랑)이라 하였다. 사랑은 크기를 알수 없는 용광로이다. 모든 것을 녹여 새로 태어나게 하는 것이다.

三暴에 적장의 말을 믿는자

요즘같이 대한민국이라는 나라에서 한국 사람으로 산다는 것이 숨 막히는 일이란 것을 느껴본적이 없다. 짧은 인생이지만 2차 세계 대전 말기부터 시작하여 정치적 무질서가 시작되고 북한이 남침으로 시작된 한국전쟁이 세계와 한국민을 두 동강으로 갈라놓고 한민족을 비극적 역사의 소용돌이에 빠진 굴곡의 세월을 몸소 겪었다. 지난여름 한반도는 기상 관측이 시작된 이래 111년만의 기록적 더위로 새빨갛게 달아오른 暴炎폭염지대였다. 폭염을 뒤 이어 거대한 19호 태풍 '솔릭'이 커다란 눈을 부릅뜨고 한반도 전체를 뒤덮은채 기상관측상 전례 없이 오래 머물러 재해를 가중시키고 기상재해 공포분위기 까지 느끼게 하였다.

暴風폭풍의 위협이다. 이런 와중에 인간들이 만드는 한국정치가 자연 재해 못지않게 한반도를 덮치고 있다. 국민들은 핵을 둘러 싼 미국과 북한, 대한민국과 북한이 벌이고 있는 갖가지 정치 쇼와 수 십 조원 돈의 행방을 모르는 가운데 경제위기의 아슬아슬한 줄타기 보듯이 숨죽이며 보고 있다. 태풍의 눈 같은 정치의 회오리요. 暴政폭정이다. 三暴삼폭이 덮쳤다. 일본 도쿄 신문에 18년 동안 연재한 『大望대망』에 250년 동안 일본을 지배한 사무라이 도쿠가와 이에야스의 이야기는 우리에게 시사하는 바가 너무 크다.

대략 줄거리는 일본을 통일하였던 도요토미히데요시의 본진이었던 오사카성은 바다와 강으로 둘러 쌓인 철옹성으로 공격할 방법이 없었다. 오사카성을 점령하려는 도쿠가와 이에야스는 도요토미에게 특사를 보냈다.

"이제 전쟁을 그만하고 평화롭게 지내자"고 종전 제안을 하였다. 그간 전투에 신물이 난 도요도미가 이를 반갑게 받아 들였고 도쿠가와는 평화협정을 하여 평화시대가 되었으니 수로를 메워 평화시대를 상징적으로 백성들에게 보여 주자고 제안하였다. 이를 도요토미가 받아들이자 도쿠가와는 병력을 동원하여 방어 수로를 메워주었다. 몇 달 후 도쿠가와는 단숨에 오사카 성을 공격하여 함락하였다. 도요토미 가문은 멸문 당하였다. 훗날 도요토미와 도쿠가와의 화친조약을 어겼다고 비난하자 도쿠가와는 "세상에 적장의 말을 그대로 믿는 바보가 어디 있느냐? 적장의 말을 대책 없이 믿는 바보는 죽거나 멸문되어 마땅하다"고 하였다. 한국의 철학적인 종교가 함석헌 선생은 1958년 《사상계》에 "생각하는 백성이라야 산다"는 글을 남겼다. 우리 정치인들이 되새겨야 할 역사적 교훈이다.

미세먼지 악령

　사람들의 얼었던 마음을 녹여주는 화사한 봄이다.
　그런데 언 땅이 촉촉히 녹고 화사한 봄 향기와 오색영롱한 꽃을 기다리던 사람들은 마스크로 입과 코를 막고 발끝만 보며 걷고 있다. 화려한 색깔의 봄은 회색도시로 변하여 마주치는 사람들이 서로 얼굴조차 알 수 없게 복면(?)을 한 거리, 괴상한 거리가 되었다. 화려하게 보였던 초고층건물도 험상궂은 북악산도 자취를 감추었다. 사람들은 답답하여 하늘을 원망하는 눈치다. 재앙이고 재난이다. 정치지도자는 인공으로 비가 내리게 하겠단다. 미세먼지용 마스크생산을 대대적으로 늘리겠단다. 원시 시대의 주술 같은 소리다.
　지금은 과학시대이다. 과학적 설명이 필요하고 과학적 원인분석과 대책이 발표되어야하는 때이다. 기껏 TV에서만 새빨갛게 물감을 뿌려놓은 것 같은 한국 땅 기상도를 내보내는 것이 첨단과학 인 것 같다. 극복할 지혜도 과학적 기술도 없이 빈손만 부비고 있다. 비 한번 주룩 뿌리고 바람 한 줌 훅 뿌리면 없어질 괴로움인데 인간들의 힘은 자연 앞에선 무릎을 꿇고 하늘만 올려다 보고 있다.
　미세먼지의 세계적사건은 1952년 12월 4일부터 12월 10일까지 영국 런던을 덮친 사건이다. 1952년 유럽 산업혁명직후 영국은 자국에서 생산되는 석탄으로 산업혁명을 이루었다. 이때 공기이동이 없고 기온이 뚝 떨어지면서 굴뚝 미세 먼지가 런던을 덮어 아황산가스가 황산 안개로 되면서 햇빛을 차단하여 낮에도 앞이 보이지 않고 모든 시민이 마스크를 쓰고

대낮에 자동차가 불을 켜 운행하였다.

　사건 발생 후 3주 동안 4,000명이 죽었고 계속 만성폐질환으로 8,000명이 죽어 12,000명이 스모그 사건으로 사망하였다. 1953년 영국은 비버위원회를 조직하여 미세먼지 사건을 과학적으로 연구하여 그 실태와 대책 보고서를 내어 1956년 대기오염 청정 법을 제정하였다. 이를 계기로 대기오염에 대한 세계적 관심과 경계심을 불러냈다. 이시기에 세계적 법률가를 배출하는 런던 옥스퍼드 대학 법대 졸업생이 공장 굴뚝청소부가 되어 굴뚝 청소를 하며 "런던 시민을 보호하는 데는 법률보다 스모그를 차단하는 일이 더 중요하다"는 말을 남기기도 하였다.

　2019년에 대한민국은 70년 전 영국의 1950년대 이야기를 하고 있다. 원자력 발전소 건설을 중단하고 중국산으로 위장한 북한산 석탄을 수입하여 전기를 만들고 자동차는 경유차를 권장하여 국민들이 숨을 못 쉬게 하고 있다. 국민을 잘살게 하겠다면서 숨 쉴 권리와 여건을 악화시키는 우리는 몇 세기에 사는 원시족들인가? 이에 관한 법률을 만들겠다는 정치인들이 없는 건 아니지만 그것이 실효를 내기위한 절차가 몇 년 동안 국회에서 주무시고(?)있는 것은 무엇을 말하는 것인가? 대한민국의 현재상황이 미세먼지에 덮인 기상도 같지는 않은가?

침묵의 가을

 결실의 가을이다. 땀 흘려 가꾼 열매를 거둬들이는 풍성한 가을이다. 그런데 〈침묵의 가을〉이 떠오른다. 2019년 대한민국의 가을은 정치, 경제, 외교가 '쭈꾸렁-밤송'이다.
 2019년 9월 6일 10시 온 국민의 초미의 관심사인 대한민국의 질서를 지키는 법무장관후보 조국 청문회에 눈을 박고 이날 자정까지 14시간을 견디며 잘 연출된 드라마를 보았다.
 온 국민의 초미의 관심사인 법무장관 후보 조국 씨의 청문회가 아침부터 열렸다. '검찰 버릇을 싹 고쳐 놓겠다'는 공약을 내세워 온 국민을 긴장케 하였다.
 이 시간 검찰은 직접 상관이 될 수도 있는 법무장관 후보자 아내를 비롯한 가족 주변에 대해 모조리 압수 수색하는 칼을 뺐다. 이날 자정엔 후보자 아내를 전격 기소하였다. 정치권력투쟁 영화를 보는 스릴을 느낄 정도이다.
 후보자는 청문회에 앞서 자기 스스로 호화(?) 기자회견을 열어 검찰개혁을 하겠다고 선포하였다. 국민들의 호기심은 상한가를 기록하였다. 장관직은 최종적으로 대통령의 임명하면 그만이지만 청문회란 형식을 거쳐 임명권자가 명분을 쌓기 위해 공개 청문회를 연다. 국회의 청문에서 부적격 판단이 되어도 대통령은 장관을 임명하면 그만이고 문 정권 들어 지금까지 청문회 의견을 참작한 적이 한 번도 없었다.
 이번 청문회 특색은 시중에서 굴러다니는 '내로 남불- 내가 하면 로맨스, 남이 하면 불륜-'란 말이 명언이 된듯하였다. '검찰 개혁은 내가 아니면 안 된다'는 독선과 修身齋家수신제가 못한 수모적 공격과 질타에도 "내가 그만두고 싶어도 그럴 수가 없다"고만 되풀이하는 후보자가 측은했다. 평소 정의의 사도로 사회를 칼같이 비판하던 당당함 뒤에서 온갖 특권적 편법으로 살아온 그들의 실상이 양파껍질같이 벗겨져 정의는 흔적을 잃고 "모른다, 확인하겠다."를 14시간 동안 되풀이하였다.

1962년 미국의 해양생물 학자이자 작가인 레이첼 카슨이 써서 세계적 명저가 된 『침묵의 봄』이란 책이 생각났다. 60년대 당시 농업 생산성을 높이기 위해 DDT를 마구 뿌렸다. 그 결과 농작물 해충은 없어졌다.

봄이 돌아왔다. 그런데 '봄은 찾아왔으나 호수의 풀들은 시들어 가고 새의 울음소리는 들리지 않았다. 새는 날지 아니하고 물고기는 죽었고 벌과 나비도 날지 안 했다'는 글이 생각났다. 사회를 주도하는 특정 정책이나 사상이 아무리 효용가치가 많아도 '나 아니면 안 된다'는 오만한 독선은 다중 사회의 틀을 깨고 북한 같은 독재자를 만든다는 교훈이다.

우주를 유지하는 자연의 생명력은 다양성이다. 인간도 자연 중의 하나일 따름이라는 걸 잊지 말아야 한다. 자칫 해충을 박멸하듯 자기 외의 다른 생각을 없애기 위해 DDT를 뿌리는 시대에 우린 살고 있는 것 같다. 결실의 가을이다. 국민들이 거둘 열매는 어디에 있을까? 안 보인다.

인류의 자산을 지키는 용기

　국제관광지 제주 섬를 찾는 사람들이 일천만 명을 넘겼다. 제주 섬은 과적에 신음하고 있다. 제주 섬 관광객 수용한도를 넘겼다. 도처에 쓰레기가 섬을 오염 시키고 오물이 땅속으로 스며들어 지하수가 오염되어 가고 있다.

　1997년 제주도와 학계가 조사하고 분석한 제주도 '환경지표설정'엔 제주도 관광객 최대 수용량은 칠백 만 명이다. 정부는 항만과 제 2공항을 만들어 2천 만 명 이상을 수송할 수 있는 교통 시설을 만드는 데만 혈안이 되고 있다. 자연 자원은 무한하다고 생각하고 있음이 역력하다. 이런 어리석은 생각이 우리후손들의 살길을 깡그리 파괴하고 있다는 것은 안중에 없는 것이다.

　제주 섬 자연이 무한하다고 생각하고 있다. 요즘 정부는 세계적으로 각광을 받고 있는 이 작은 섬을 무차별적으로 이용하려고 수송 수단인 대대적 항만건설과 초대형공항 조성계획을 세워 놓고 있고 제주도가 집중하고 있다.

　한라산이 있는 제주 섬은 한반도를 자연 재해로부터 지키는 일차적인 관문의 역할을 하고 있다. 한반도로 올라오는 태풍을 막는 큰방파제 역할을 하고 있는 섬이다. 지정학적으로도 세계적으로 유래없이 한대의 최남단이자 아열대의 최북단에 위치하여 열대, 아열대, 온대, 한대 생물이 공존하는 특수한 섬이다. 지질학적으로 바다 속에 퇴적한 암석위에 여러 형태의 지질구조로 형성되어 있고 마지막 화산이 터지면서 형성된 다층지

질을 지니고 있다.

　이러한 연유로 유네스코는 제주를 세계지질공원으로 지정하였고 바다 가운데 다양한 기후형을 가진 1950미터의 한라산과 한라산 정상을 둘러싼 해양성기후로 작은 면적에 생물종이 팔백여 가지나 되는 생태현상으로 세계생물권보전지역, 인류의 보편적 가치를 가진 세계자연유산으로 지정하였다.

　세계에서 한 지역 같은 구역 안에 세계적 유산을 전부를 가진 곳이 제주 섬 하나뿐이다. 이런 인류적 가치를 가진 섬이 대한민국 영토안에 존재한 것은 제주사람들의 자연과 공존하는 생활을 신앙으로 여기며 살아왔기에 가능하였다.

　이런 제주도에 관광객을 무한히 들어오게 공항과 항만만을 대대적 확장하려는 정부의 계획은 위험하고 어리석은 생각이다. 무릇 한정된 공간에는 수용의 한계가 있다. 제주의 가치를 유지하기위해선 적정 수용 인원과 시설량을 엄밀히 검토하여 우리인류가 지속 보존 이용할 수 있게 하여야 한다.

태양광 발전소

지구는 생태 자연이 있어서 우주 혹성가운데 유일한 녹색별이다. 이 녹색이 지구 생태계를 만들었다. 요즘 들어 신문, 방송들은 정부정책으로 만든 태양광 발전소 시설을 하면서 나무를 벌채하고 산을 깎아 공사를 하여 비만 오면 산사태가 일어나 태양광 발전소가 있는 지역의 사람들은 공포심으로 밤잠을 못자고 있다고 한다.

한국에서 태양광발전시설을 본격화한 것은 문재인 정부 초기부터다. 문재인 정부가 문을 열자마자 공사 중이던 원자력 발전시설공사를 중단시키고 중국에서 태양광발전 시설을 수입하여 전국에 대대적으로 건설하기 시작하였다. 당시 국민들 사이에는 신정부 관련 세력이 중국으로부터 태양광발전시설을 수입하려고 전정부가 건설 중 이던 원자력발전소의 건설을 검토도 없이 강제 중단시켰다는 말이 돌았다. 이 문제는 문재인 정권 내내 정치적 이슈가 되고 있으나 규명하지는 못하고 이정부가 끝날 것 같다.

한국 원자력발전시설 기술은 세계적으로 인정받고 있으며 소형원자로 자력발전시설을 유럽 등에 수출하고 있다. 당시 외국에서는 한국이 세계에 수출하는 원자력 발전시설을 자국에는 시설공사를 중단하며 타국에만 팔고 있다는 여론이 크게 번졌다. 그러나 집권세력의 힘에 눌려 크게 문제화 못하고 태양광발전시설을 신재생에너지라고 하며 강행하고 있다.

현 정부 들어 전국에 울창한 숲을 없애고 패널을 깐 태양광발전소는 1만 2천 곳을 넘어서 그곳 농촌들은 불안 공포에 떨고 있다고 한다. 1991년 영국에서 출판하여 전 세계 1천만 부 이상이 팔려 센세이션을 일으킨 중국 작가 장융(1952~)의 소설『대륙의 딸』에서 1958년 5월 중국의 독재자 마오쩌둥(毛澤東1893~1976)의 '철강을 대량생산하라'는 무모한 명령하나로 용광로 연료로 전국 산하에 있는 나무를 모조리 벌채하여 중국대륙은 삽시간에 발가벗겨진 폐허지가 되었고 용광로를 만들기 위해 중국에 있는 세계적 유산건축물의 벽돌까지 다 뜯어내었다고 했다.

생태계는 말할 것 없이 문화유산까지 완전히 붕괴되고 자연재해는 날로 가속화되어 이천 오백만 명이 굶어죽었다고 기록하고 있다. 철을 만들기 위해 농민들의 모든 가재도구까지를 쇠를 만드는 용광로 연료로 집어넣었다고 적시하고 있다.

이천년 대 대한민국에는 전기를 생산하기위해 공사 중인 원자력발전소를 아무런 근거도 분석도 없이 중단하고 중국을 본 따 태양광발전시설로 정책전환을 하였다. 전국 산이나 호수 저수지, 경작지 등에 자연을 파괴하며 무차별적으로 태양광 발전소 공사를 국가정책으로 강행하고 있다.

최근 보도에 의하면 산과 계곡 등 치수 취약지에 태양광발전소를 건설하며 지형을 멋대로 변형하는 공사로 장마철과 비가 많이 내리면 계곡이 비에 쓸려가고 농촌의 재산과 인명피해가 일어나고 있다. 우리나라는 세계적 원자력발전기술을 보유하여 수출까지 하고 있으나 국내는 원자력발전소건설은 정치적으로 중단시키며 중국을 본 따 전국의 산하자연을 파괴하는 태양광시설에 광분하는 현상이다.

역사에 드러난 천인공노할 중국의 독재! 오늘의 삼천리금수강산, 자연이 살아있는 평화로운 대한민국의 농촌과 산하는 어디서 찾을까? 누구를 위한 정치인가?

생명을 담보 받아 돈 버는 사람들?

한국에 의료 대란이 소용돌이치고 있다. 인간의 생명을 제일의 가치로 그 생명을 지키겠다고 성스런 맹세를 하고 의사가 된 사람들의 일부가 생명에 위기를 느끼며 병원으로 달려간 사람들을 외면하고 의사면허를 반납하고 천사의 옷인 하얀 까운을 벗어던지고 있다. 전국에 국민의 건강을 지킬 의사 수가 부족하다는 정부의 판단으로 의사 증원을 발표하자 이에 반발하여 사직서를 내던지고 있는 것이다. 이런 현상은 지극히 우려가 된다. 당장 긴급한 건강상의 문제가 생기면 누구를 찾아가야 할 것인지 난감하다. 의사가 진료를 거부한다는 말 자체가 국민들은 받아들이기 거북하고 병에 대한 공포를 불러 일으킨다. 파업하는 의사들은 이런저런 이유를 들고 있지만 결론은 보수가 적다는 결론이다. 지난 코로나 전염병 확산 때 하얀 가운을 입은 간호사들과 환자를 안고 뛰어다니는 의사들을 보며 국민들은 무한한 고마움과 함께 그들을 천사라고 부르기도 했다. 그런데 지금, 정부가 국가 경영 차원의 의사 배출계획이 발표되자 가운을 벗어 던지며 진료를 거부 하고 있는 이런 현상에서 그들이 그들인가 하는 의구심이 든다.

우리 인류에게 감동을 주는 슈바이처는 밀림 속의 생명을 구하기 위해 일생을 바쳤다. 세계는 이들을 聖人이라고 부른다. 의사가 의사로서 첫 출발을 할 때 '히포크라테스'의 선서를 한다. 히포크라테스의 선서는 의사의 윤리에 대한 선서이고 의사는 직업인의로서 의사이기에 앞서 '희생'과 '봉사' 정신을 먼저 고취하는 것이다. 그 1조에는 '나의 일생을 전 인류에 대한 봉사에 공헌할 것을 엄숙히 선언 한다'고 명시되어 있다. 그런 사람들이 긴급한 환자들을 팽개치고 사표를 던지며 나갔다. 생명이 경각에 있는 사람도 있을 것이다. 말이 안나온다. 보수가 적다는 이유다. 의사의 보수는 병원이 적자가 나도 최우선으로 최고의 보수를 받는다. 그런데 그것이 부족하다고 자리를 떠나고 있다. 국민들은 어이없다는 생각이다. 의사가 되려고 공부하며 들인 본전의 이자까지 되찾기 같다. 환자들은 한 번 의사를 만나려면 새벽부터 병원에 나와 말없이 순서를 기다린다. 그렇게 기다리던 몇 시간 후 의사를 만난다. 그토록 기다리다 만난 의사는 기계적인 표정으로 몇마디 던지는 것으로 할 일을 다한다. 1~2분에 불과하다.

　병원에서 먼 지방에 거주하는 환자는 더러는 전날 부터 와서 병원 부근에서 일박을 하기도 하고 아니면 꼭두새벽에 집을 나서서 몇시간이나 걸려 의사를 만나러 다닌다. 그 불과 1~2분의 만남을 위해서...... 빠른 속도로 진단서가 작성되고 대다수의 환자는 알아볼 수 없는 암호 같은 글로 쓴 약 처방받고 수 만원을 내고 약을 사선 돌아간다. 병원과 약사의 협업 같다는 생각을 병원 갈 때마다 실감한다. 의사들의 파업 이유를 국민들은 이해할 수 없다. 의사들 생활이 그리 절박한가? 아니면 배후에 사회를 교란 시키려는 불순세력이 있는 것일까?

黑厚흑후시대

　서 아세아의 서쪽 해안에 있는 '튀르키에'가 지난 2월 8일 강진으로 많은 생명이 매몰된 비극적 상황이 되었다. 이를 시시각각 보고 듣고하는 세계는 알게 모르게 예상하지 못한 이런 자연 현상에 공포를 느끼고 있다.
　전 세계 방송뉴스의 대부분이 비참한 상황을 실황 중개하듯 알리고 있다. 이 재난 뉴스 사이에 나오는 국내 방송 소식은 정치인들의 특정 정치인을 둘러싼 정치소동을 알리는데 시간의 대부분을 소비하고 있다. 대한민국의 대선 여진이 국민들 정서를 몹시 불안하게 하고 있다.
　선거는 엄중히 투표와 개표를 하고 한 표 차이로도 정치적 판가름이 나도 결과에 승복하고 다음 기회가 올 때까지 착실하게 국민복지를 위해 최선의 합의로 국가를 운영할 의무를 가지게 된다.
　2022년 3월 선거 지각변화는 끝나 새로운 체제가 결정되었다. 그러나 이런 국민들의 결정에 불복하듯 특정 정치꾼 그 집단들이 반기를 들고 나섰다. 찬·반 국민집회로 대한민국의 수도 서울에는 지진이 난 듯 소란하다.
　새로 대통령을 선거하는 것도 아니고 새로이 일할 대통령을 국민 다수가 선출하고 취임하여 어려운 국정을 풀려고 애쓰고 있는데 갖가지 루머 등을 퍼뜨리며 국가 체면을 손상시키고 발목잡을 궁리만을 하는 것 같다. 정신적 정치 내란 현상으로 국민들은 느끼고 있다. 광화문 광장이 정치 戰場전장구실을 하고 있어 선량한 국민들은 불안하다.
　국제사회는 자국의 이익을 찾으려고 전력 매진하고 북한은 새로운 핵무기를 쏘아 올리며 전 세계를 위협하고 있다. 온 국민의 희망이고 한국 경제를 주도하던 삼성도 그 힘을 잃어가고 있는 것 같다. 부자나라로 자부하던 한국이 다시 가난의 멍에를 질 것 같은 조짐마저 느껴진다.

이런 엄중한 국내외 실정에도 정치인들은 자신의 정치적 야욕을 채우는데 만 돌진하고 있는 양상이다. 국정의 방향타를 잡을수 있는 다수당이 야당이란 아이러니 속에 정파 이익에 매몰되고 자만의 극치를 달리고 있다고 일반 국민들은 느끼고 있다. 우리 국민들은 지혜와 용기로 잿더미 대한민국을 반세기만에 세계적 경제 대국 반열에 힘겹게 올려놓는 기적을 만들어냈다.

대한민국을 경제 대국으로 등장시키는데 견인 차 역할을 한 고 이건희 삼성회장은 생전에 대한민국은 "경제는 일류이고 정치는 삼류"란 뼈아픈 말을 남겼다. 1920년대 초에 중국에서는 厚黑學후흑학이 센세이션을 일으킨적이 있다. 낯은 두꺼워야 하고 속은 새까매야 한다는 정치 풍자적용어이다. 정치와 경제가 동반자가 되는 날을 기대해본다. 국민들은 불안하다.

침묵의 봄이 안 되기를

태평양에서 출발한 봄기운이 소리 없이 해발 2천 미터의 하얀 한라산 백록담을 넘어 집 앞 초등학교 운동장 누런 잔디를 파릇한 물감으로 색칠하더니 울타리 그늘에 심은 홍매화가 앙증맞게 다섯 송이 빨간 꽃을 피웠다.

하도 예쁘고 신기하여 얼른 핸드폰 사진기 속으로 꽃을 조심스럽게 옮겨 몇몇 사람에게 날려 보냈다. 1958년 미국의 해양 생물학자 '레이첼 카슨'은 '침묵의 봄'이라고 제목을 붙인 그의 소설에서 무분별한 살충제(DDT) 사용으로 야생동물과 인간을 파괴한다고 설파하여 지구 환경운동의 촉발점이 되었다.

당시 미국 국회에선 케네디 대통령에게 전국순회를 건의하였고 매년 4월 1일을 '지구의 날'로 제정하였다. 레이첼 카슨은 '인간은 미래를 예견하고 그 미래를 제어 할 수 있는 능력을 상실하였다. 지구를 파괴함으로서 그 자신도 망할 것이다'라고 하였다. 레이첼 카슨의 봄을 생각하다가 생각이 엉뚱한(?)곳으로 흘렀다.

자연의 원리와 법칙에 따라 봄이 오면 새도 맘껏 노래하고 꽃도 마음껏 피고 나비는 훨훨 날며 사랑노래를 부르듯이 대한민국이라는 땅위에서 사는 모든 국민들이 어른 아이할 것 없이 새와 나비같이 겨울을 툴툴 털어내고 춤추고 노래하는 봄을 기다리고 있다. 그런데 현실적으로는 새와 나비같은 선량한 국민들이 태풍전야 같은 으스스한 불안감을 느끼고 있다.

절대정의의 최후의 보루인 근엄한 법관이 법복이 갈기갈기 찢기는 것을 솔선수범 하고 법을 만드는 신성한 전당은 先唱者선창자의 한마디만으로 모든 법이 일사천리로 내달린다. 하루 아침에 집 없는 국민들이 다 살 수 있는 집을 지어주겠다고 뻥친다.

요술 방망이는 의사당을 훨훨 날아다니며 음흉한 웃음을 팔고 있다. 소름이 끼친다. 우리 조상들이 현명한 지혜와 근검을 바탕으로 한 위에 밭을 손으로 일구어온 농부, 손이 찢어지고 피 흘리며 쇠를 깎아 한강 다리를 놓고 나라를 세운 선반공 등이 세운 세계 10위권의 부자 나라를 만들어 곡간을 채워놓았는데 창고 문을 열어 젖히고 퍼주며 세계갑부 행세를 하는 것을 보고 있으니 피땀 흘린 국민들은 말을 잃고 넋을 놓고 있는 형상이다.

지난 6일 TV 뉴스에서 본 광경이 뇌리에서 떠나지 않는다. 지하철 안에서 노인과 젊은이가 나란히 앉아 있었다.

젊은이가 다리를 꼬고 앉아 신발이 노인 옷에 닿자 노인이 젊은이에게 바로 앉으라고 말하자 젊은이가 벌떡 일어나 '이 미친 늙은이 정신돌았나! 미친 xx!'하며 주먹을 휘두르는 장면이 승객의 카메라에 고스란히 잡혀온 TV에 나왔다.

옳은 말을 할 수 없는 공포사회. 이 장면이 어쩌다 철없는 젊은이의 객기일 뿐일까? 얼마 전 이 정부의 실질 2인자였던 자가 원전비리를 따지는 감사원을 향해 주인 행세를 한다고 공식자리에서 삿대질 하는 광경 또한 TV로 전국에 보여졌다. 이 삿대질이 이 한사람만의 짓인가?

그런 전대 권력을 가진 무리가 또아리를 튼 살모사같이 위협하고 있는 걸까? 이런 광경을 보며 피눈물로 이 나라의 주춧돌을 고여 준 선량한 국민들의 마음엔 이 봄, 역병이 물러나고 잃어버린 도덕성을 회복하고 꽃피고 새우는 봄이 되는 것처럼 자연스럽게 오는 계절을 맞이 하는 그런 시절이 되었으면 하는 마음이다. 살충제 DDT를 뿌린 〈침묵의 봄〉이 되지 않기를 기원해본다.

정치 동종교배와 위기

　사회는 다양성으로 존재하고 다양성이 말살될 때 사회는 붕괴되고 만다. 인간 사회가 다양성의 존재로 이루어진다는 것은 인간사회 자체가 다양한 인종, 다양한 생각, 다양한 사상으로 이루어지는 것을 말한다.
　미물들이라 할 수 있는 들판의 풀포기들도 단단한 뿌리와 여러 풀들이 서로 얽히고 섥켜 단단한 힘이 되어 바람과 홍수로부터 자신들을 지켜낸다. 인간들의 생각은 더욱 다양한 생각들이 모여야 튼튼한 사회가 이루어질 수 있다. 농업과 축산업에도 한 가지 종만을 재배하거나 사육할 때 만약의 경우 질병이나 기후의 변화가 있을 때 각 품종마다 가진 특성에 의해 피해를 최소화 할 수 있다.
　일본의 농업형태를 보면 농가마다 다품종 소량 재배라는 방법으로 농가 소득의 급격한 손실을 예방하고 있다. 만약 한 종만을 재배하는 획일 농업은 병충해가 침입할 경우 전체 농사가 폐작되어 일 년 농사가 허사가 되는 참담한 일이 벌어진다. 몇 년 전 조류 인플루엔자와 구제역이 발생하여 닭과 소를 모두 매몰시키는 참담한 사태가 발생하였다.
　생물학적으로 보면 순혈주의와 동종교배의 폐해를 들 수 있다. 원시부족 때부터 순혈주의와 동종교배는 그 생물적 사회를 붕괴시켜 금기시 되어온 현상이다. 이런 순혈주의는 내부의 단합과 폐쇄주의 봉건적 위계를 야기하게 된다. 우리 현실에서는 경제계 재벌들의 상속이 문제가 되고 이것이 법적으로 문제화되어 최근엔 한국의 톱 기업의 상속이란 순혈주의가 법적 제제를 받아 끈질긴 순혈이란 상속의 끈을 끊기도 하였다. 이러한 생물적 순혈주의 동종교배로 세력을 불리려는 분야가 정치 분야이다. 정치적 순혈주의와 동종교배 현상은 우리의 현실 정치사회에서 공공연히 행해지고 있다.

얼마 전 여당의 한 지도자는 지금 정권을 20년 동안 지속 시키겠다고 공언하였다. 이를 위하여 청와대를 비롯하여 정부 요직은 여권 회전문 인사로 이루어지고 생각이 다른 인사들은 접근 자체를 엄격한 철조망으로 막고 있다. 이러한 정치 현실은 국내외적으로 다양한 변화가 요구되는 세계 정치현실을 도외시하고 순혈주의에 매달려 국가를 위험에 빠뜨리고 있다.

고대 원시부족 사회에서도 금기시 되어온 순혈주의와 동종교배로 인한 다양성 배제 현상을 21세기 개명된 천지인 오늘 한국의 정치 현실에서 실현되고 있다. 다양성이 없는 사회는 치명적 요소가 한 가닥만 침투하여도 몰살될 수있다. 대한민국의 존재를 부엉이 언덕으로 몰아가고 있다는 생각이 떠올라 소름이 끼친다.

불 확실성의 시대

　연휴 중의 어느날 이른 아침, 모처럼 자동차를 두고 가을을 생각하며 혼자 걷고 싶었다. 정원의 작은 감나무가지에 주렁주렁 달린 감을 노란색으로 물들이는 자연의 신비함을 느끼며 4km 쯤 되는 바닷가에 있는 작은 산 사라봉을 향해서 집을 나섰다. 산책길의 끝에서 기다리는 하얀등대를 만나게 될 것이라는 낭만을 기대하면서 예전과는 많이 달라진 시내를 지나 좁은 골목으로 들어섰다. 골목의 집들이 지붕도 단정하게 바뀌고 어느 집은 마당을 아예 예쁜 나무판자로 덮어놓아 깜찍한 것이나 낡은 판자 집의 외벽을 까만색으로 단장한 모습 등이 유럽의 아름다운 작은 마을을 연상케 하였다.

　시내를 지나 산 기슭 산책길로 접어드니 욱어진 숲속의 옛길은 옛 모습 그대로 지켜지고 있어서 마치 어릴 적 친구를 만난 느낌이었다. 아름드리 소나무며 삼나무, 동백나무, 호랑가시나무 꽃, 털머위 꽃, 분꽃, 코스모스 꽃, 철을 모르는 벚꽃 몇 송이가 가지 끝이 매달려 있고 가을 풀꽃들은 바닷바람과 장난하고 있었다. 까마귀들도 풀꽃들 사이를 오르내리며 화음을 만들어 내고 있었다. 바닷가로 이어지는 좁은 산책길에 접어들자 가슴이 확 트이는 바다가 가슴으로 와락 안겨들었다. 이른 아침 바다 내음은 언제나처럼 답답한 마음을 확 날려버리게 했다. 이것이 자연임을 새삼 느끼게 하였다.

　그런데 이런 바닷가에서도 앞으로 세상은 어떻게 바뀔 것인가, 어떻게 준비할 것인가, 어떻게 살아야 하는가? 모두가 불확실하다는 생각을 벗어날 수 없다.

 지금까지 인간들은 자연을 지배하면서 그것을 '最高의 善'으로 착각하고 있다. 이번 바이러스 사태는 인간이 '최고의 선'이란 교만과 자연이 충돌하여 발생하였고 이와 같은 일이 더는 없을 것이라는 믿음을 가질 수 없기 때문이다. '코로나19' 사건은 인간과 자연과의 관계를 재편하는 변곡점이 될 것이라고 예상한다. 이를 계기로하여 이제야 인간들은 생태와의 관계, 경제 재편, 사회질서의 개편, 행복의 척도, 잊었던 가족의 의미 등을 새로이 정립하려는 듯이 전문가들의 담론이 한창이다. '한번도 경험해보지 않은 나라'를 만든다고 정치꾼들은 호들갑이다. 하지만 어떤 세상을 만들지 불확실하다. 어떤 나라인지 의심이 간다. '코로나19'라는 인간들이 만든 역병은 세계를 '불확실'이란 먹구름으로 뒤덮어 씌우고 덫을 놓아 공포 속으로 몰아넣고 있다. 경제, 사회 산업, 문화, 예술, 가정 등 모든 인간관계를 예측할 수 없는 '불확실성의 시대'로 몰리고 있음을 부인할 수없다. 이런 '불 확실성'의 주범은 누구인가? 정치 지도자이고 그 집단이라고 사람들은 의심치 않고 있다.

문예운동산문선 ⑬⑤

老기자의 데스크

초판인쇄 2024년 10월 25일
초판발행 2024년 11월 01일

지 은 이 신 상 범
발 행 처 문예운동사
발 행 인 김 귀 희
등   록 2007년 11월 21일 제2007-000052호
주   소 서울시 서대문구 서소문로27 (충정리시온) 423호
전   화 (02) 312-5817
전   송 (02) 363-5816
이 메 일 skj907@hanmail.net / skj908@hanmail.net
홈페이지 http://cafe.daum.net/munyaeundong

책 값은 뒷표지에 있습니다.
저자와의 협약에 의해 인지는 생략합니다.

ISBN
이 도서의 국립중앙도서관 출판예정 도서목록(CIP)은 서지정보 유통
지원시스템홈페이지(https://seoji.nl.go.kr)와 국가자료 공동목록시
스템(https://www.nl.go.kr/kolisnet)에서 이용하실 수 있습니다.